2025年版

社会福祉士

まとめてすっきり！
よくでる
テーマ88

ここが特長

● 横断的に見て分かる＆解いて覚える

ユーキャンの社会福祉士『まとめてすっきり！よくでるテーマ88』は，過去に出題された重要事項の中からテーマを厳選し，図解ですっきりまとめました。各テーマの「理解度チェック」はいずれも過去問準拠。得点力UPをお手伝いします。

● 第22～36回国家試験を総ざらい

本書は，19科目のカリキュラムで行われた第22～36回国家試験のポイントを毎年しっかり検証して，網羅。さらに，「資料編」として，巻末に重要事項を時系列で確認できる年表をまとめました。付属の赤シートを効果的に用いることで，インプットにも役立ちます。

● 自宅で，職場で，学校で

気軽に持ち歩いて学習できるのも携帯性に優れた本書ならでは。反復学習こそが合格への最短距離です。通勤通学やちょっとした空き時間の学習に，ウィークポイントの洗い出しに，試験直前の最終チェックに…。本書を有効にご活用ください。

CONTENTS

特　集　注目7テーマ

第1章　人・社会・生活と福祉の理解に関する知識と方法

第2章 総合的かつ包括的なソーシャルワークの理念と方法に関する知識と技術

第3章 地域福祉の基盤整備と開発に関する知識と技術

第4章 サービスに関する知識

本書の使い方

テーマ

社会福祉士国家試験に出題実績のある88テーマを厳選。また，巻頭では，第37回試験から新カリキュラムに基づく出題となることを受け，近年特に注目されている7テーマを特集しています。関連科目のアイコンや，あわせて学習すると効果的なテーマNo.を「LINK▷▷▷」表示しています。

解説

テーマのポイントを簡潔にまとめました。特に赤字は最重要事項！

関連キーワード

テーマに関連する重要事項です。一緒に覚えて得点力アップを図りましょう。

障害

80 障害者雇用率制度

LINK ▷▷▷ 59, 82

障害者雇用率制度の概要

- 事業主に対して，一定の割合以上の障害者の雇用義務を課すことで，その雇用促進を目指す制度
- 事業主が雇用しなければならない障害者の雇用率＝法定雇用率
- 法定雇用率未達成企業には行政指導あり（「罰則」はなし）

■ 各事業所に対する法定雇用率

機関等		法定雇用率[1]
民間企業	一般の民間企業	2.3%（43.5人以上）[2]
	特殊法人等	2.6%（38.5人以上）
国，地方公共団体	国，地方公共団体	2.6%（38.5人以上）
	都道府県等の教育委員会	2.5%（40.0人以上）

※1 カッコ内の数字は対象となる企業等の規模
※2 2024年4月より，法定雇用率2.5%（40.0人以上）となる

障害者雇用率の算定方法

- 2010年7月より，重度以外の身体障害者・知的障害者の短時間労働者が新たに雇用率算定の対象とされた。2018年4月からは精神障害者の雇用が義務化された

障害の種類		週所定労働時間30時間以上	週所定労働時間20時間以上30時間未満
身体障害者	重度	◎	○
	重度以外	○	△
知的障害者	重度	◎	○
	重度以外	○	△
精神障害者		○	△

※◎→2カウント，○→1カウント，△→0.5カウント

🖋 **関連キーワード**

- 障害者雇用納付金制度…雇用率未達成企業から障害者雇用納付金を徴収する制度。徴収された納付金は，障害者を雇用している企業に支払われる障害者雇用調整金と報奨金等の財源にあてられる

192

すっきりnavi

テーマの内容や出題される
ポイントを分かりやすく図に
すっきりとまとめました。

ユー☆CANさん

ぼいんとりさん

あかりちゃん

すっきりnavi

■実雇用率と雇用されている障害者の数の推移

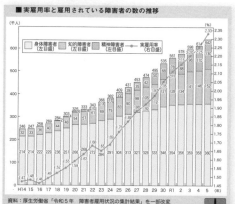

資料：厚生労働省「令和5年 障害者雇用状況の集計結果」を一部改変

実雇用率は2011年以降，上昇傾向
にあります

専門科目略称	高齢者福祉	→ 高齢
	児童・家庭福祉	→ 児童
	貧困に対する支援	→ 貧困
	保健医療と福祉	→ 保健
	ソーシャルワークの基盤と専門職（専門）	→ 基盤専
	ソーシャルワークの理論と方法（専門）	→ 理論専
	福祉サービスの組織と経営	→ 経営

理解度チェック

過去の国家試験に
準拠した問題。正文
問題は丸暗記するこ
とをお勧めします。

☑ 理解度チェック

□**1** 障害者実雇用率が障害者法定雇用率に達していない事業所は，事業主が障害
者雇用納付金を納めれば，障害者の雇用義務が免除される。

□**2** 法定雇用率を下回っている場合は障害者雇用納付金を徴収する仕組みがある。

□**3** 民間企業における法定雇用率は1.8%である。

解答
1. × 障害者雇用納付金を納め〔…〕
3. × 民間企業においては2.5%〔…〕

193

シートでチェック

付属の赤シートが学
習効果を高めます。

キャライラスト／なかの まいこ
誌面デザイン／鼎デザイン事務所

新カリキュラムに基づく社会福祉士国家試験について

社会福祉士養成課程はしばらくぶりに教育内容が見直され，2021年度より順次導入されています。それに伴い，第37回社会福祉士国家試験から，新カリキュラムに基づく内容が出題されます。

試験では，次のような点が変更となりました。

◎ポイント1：一部科目の名称変更と，他科目への統合

一部の科目の名称が変更されました（例：「人体の構造と機能及び疾病」→「医学概論」）。また，「福祉行財政と福祉計画」「就労支援サービス」の2科目については，内容が複数の科目に組み入れられました。

◎ポイント2：「相談援助」が「ソーシャルワーク」に変更

旧科目にあった「相談援助」という言葉は「ソーシャルワーク」に変更され，科目名は「ソーシャルワークの基盤と専門職」「ソーシャルワークの理論と方法」となりました。この2科目はそれぞれ，基礎的な知識を学ぶ共通科目と，より実践的な知識を扱う専門科目に分かれました。

◎ポイント3：総問題数が20問程度削減

試験の総問題数は，第36回試験までは150問でしたが，第37回試験から129問に削減される予定です。ただし，その分，解答に時間のかかる事例問題の出題が増えることが予想されます。

このような変更はありますが，全体的には，旧カリキュラムでの試験での出題内容と大きく変わる可能性は低いと考えられます。旧カリキュラムで学習してきた受験生も，変更点を把握しておけば，十分に合格を狙えます。基本的な内容をしっかり押さえて試験に臨みましょう！

注目7テーマ

特集1 公衆衛生

LINK ▶▶▶ 48, 56, 63

公衆衛生の概要

● ウィンスローは，公衆衛生を「組織化された地域社会の努力を通じて，疾病を予防し，寿命を延長し，身体的・精神的健康と能率の増進を図る科学・技術」と定義

● 予防医学では，疾病の予防を一次予防，二次予防，三次予防の3段階に分類する

一次予防	病気にかからないようにする 例：衛生教育，健康相談，予防接種，水道やゴミ収集などの衛生環境整備
二次予防	病気になりつつある段階で，早期発見・早期治療をする 例：健康診断，がん検診，人間ドック
三次予防	病気になった後，合併症や後遺症を予防する 例：リハビリテーション，再発・転移防止などのアフターケア

● 健康は，生物学的な要因だけでなく，教育や労働環境，生活環境，社会環境など，健康の社会的決定要因（SDH：Social Determinants of Health）にも影響される

■ 健康の決定要因の階層構造

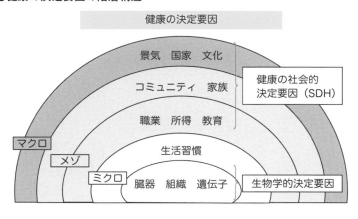

健康の決定要因

景気　国家　文化

コミュニティ　家族

職業　所得　教育

生活習慣

臓器　組織　遺伝子

マクロ

メゾ

ミクロ

健康の社会的決定要因（SDH）

生物学的決定要因

すっきりnavi

■ 健康増進と主な保健医療対策

母子保健	母体保護法	不妊手術，人工妊娠中絶および受胎調節などについて規定
	母子保健法	母子への保健指導，健康診査，医療その他の措置などについて規定
	母子健康手帳	妊娠・出産・育児に関する母子の健康記録で，健康診査や保健指導の資料となる
成人保健	健康日本21（生活習慣病予防対策）	一次予防に重点を置く施策で，9分野にわたる数値目標が設定されている
	がん対策基本法	がん対策推進基本計画の策定，がん対策の基本となる事項などについて規定
高齢者保健	介護保険法	65歳以上が第1号被保険者，40〜64歳の医療保険加入者が第2号被保険者となる介護保険制度について規定
	特定健康診査	40〜74歳を対象にメタボリックシンドロームに着目した健診を行う
	後期高齢者医療制度	75歳（寝たきり等の場合は65歳）以上の者が加入する独立した医療制度
精神保健	精神保健福祉法	精神障害者保健福祉手帳や入院制度（任意入院，措置入院，医療保護入院，応急入院），精神保健福祉センターなどについて規定
感染症対策	感染症予防法	感染症の分類（1〜5類，新型インフルエンザ等感染症，指定感染症，新感染症）の分類と，危険度に応じた予防・まん延防止対策について規定

☑ 理解度チェック

□**1** 二次予防は，病気にかからないようにするための予防対策である。

解答

1. ✗ 病気になりつつある段階での早期発見・早期治療である

特集2 健康リスクとその対策

慢性疾患の治療と仕事の両立

- 定期健康診断の有所見率（異常の所見があった者の割合）は，約6割に及ぶ（厚生労働省「令和4年定期健康診断実施結果」）
- 慢性疾患の病状には，前軌跡期→軌跡発症期→急性期→安定期→不安定期→クライシス期→立ち直り期→下降期→臨死期という局面がある（ストラウスの「病みの軌跡」）

■ 役割論

病人役割 （パーソンズ）	病気を一時的な状態ととらえ，病人は治療に専念する。急性疾患患者に有用
障害者役割 （ゴードン）	持続的な機能障害をもつ人が，できる範囲で行動を維持する。重篤でない慢性疾患患者に有用

- 厚生労働省では事業場における治療と仕事の両立支援のためのガイドラインを作成し，労働者と事業者，主治医などからなる連携体制を示している▶すっきりnavi

依存症

- 特定の何かを「やめたくても，やめられない」状態になること
- 国の対策として，都道府県・指定都市等の人材育成や支援体制の整備を推進する依存症対策総合支援事業がある

■ 依存症の分類

物質依存	アルコール依存症，薬物依存症など
行動嗜癖	ギャンブル等依存症など

自殺

- デュルケムは社会的要因による自殺を集団本位的自殺，自己本位的自殺，アノミー的自殺に分類した
- 自殺総合対策大綱（2022年）では，社会における自殺のリスク要因を減らし，保護要因を増やすことを通じて，社会全体の自殺リスクを低下させるという方向性が示された

すっきりnavi

■治療と仕事の両立支援の流れ

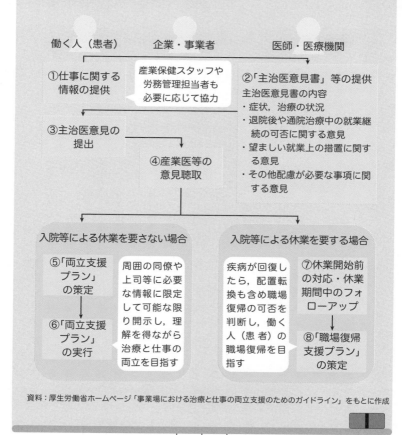

働く人（患者）　　企業・事業者　　　医師・医療機関

①仕事に関する情報の提供

産業保健スタッフや労務管理担当者も必要に応じて協力

②「主治医意見書」等の提供
主治医意見書の内容
・症状，治療の状況
・退院後や通院治療中の就業継続の可否に関する意見
・望ましい就業上の措置に関する意見
・その他配慮が必要な事項に関する意見

③主治医意見の提出

④産業医等の意見聴取

入院等による休業を要さない場合

⑤「両立支援プラン」の策定

⑥「両立支援プラン」の実行

周囲の同僚や上司等に必要な情報に限定して可能な限り開示し，理解を得ながら治療と仕事の両立を目指す

入院等による休業を要する場合

疾病が回復したら，配置転換も含め職場復帰の可否を判断し，働く人（患者）の職場復帰を目指す

⑦休業開始前の対応・休業期間中のフォローアップ

⑧「職場復帰支援プラン」の策定

資料：厚生労働省ホームページ「事業場における治療と仕事の両立支援のためのガイドライン」をもとに作成

☑ 理解度チェック

□1 慢性疾患患者に有用な役割論は，病人役割である。
□2 デュルケムは，自殺の原因は社会的な条件に求められるとした。

解答

1. ✕ 障害者役割／2. ○

特集3 ワークライフバランス

LINK ▶▶▶ 8, 16

ワークライフバランスとは

- 仕事と生活を調和させた生き方や，それを実現するための取り組み
- ワークライフバランスを実現するために必要な条件（内閣府「仕事と生活の調和推進のための行動指針」より）
  - ①就労による経済的自立が可能な社会
  - ②健康で豊かな生活のための時間が確保できる社会
  - ③多様な働き方・生き方が選択できる社会

■ 労働をめぐる枠組み・ルールづくりの経緯

1919年	世界 国際労働機関（ILO）の創設
1995年	日本 労災認定基準の改正
1999年	世界 ILO総会でディーセント・ワーク（働きがいのある人間らしい仕事）が提唱される
2007年	日本 仕事と生活の調和（ワーク・ライフ・バランス）憲章の策定
2014年	日本 過労死等防止対策推進法
2015年	世界 持続可能な開発のための2030アジェンダ（SDGs）の採択…目標8に「ディーセント・ワークの推進」が掲げられる
2018年	日本 働き方改革関連法…長時間労働の是正，均等待遇の確保

働き方改革関連法の概要

- 時間外労働の上限規制…月45時間，年360時間まで（原則）
- 年次有給休暇の取得義務化…年10日以上の年次有給休暇を付与される労働者に対し，労働者の希望も踏まえて時季を指定し年5日取得させなければならない
- 同一労働同一賃金…正社員と非正規雇用労働者との間で，基本給や賞与などの待遇について不合理な待遇差を設けることを禁止

🔑 関連キーワード

- ディーセント・ワーク…雇用・自営を問わず，権利が保障され，十分な収入を生み出し，適切な社会的保護が与えられる生産的な仕事

すっきりnavi

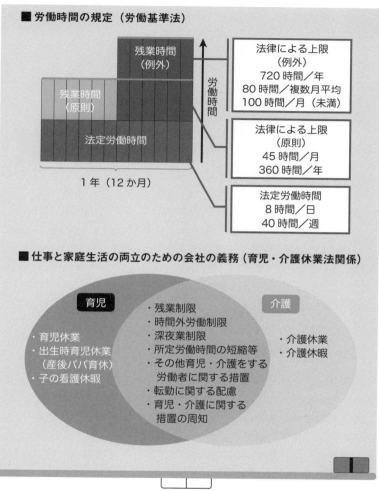

■ 労働時間の規定（労働基準法）

残業時間（例外）

残業時間（原則）

法定労働時間

1年（12か月）

労働時間

法律による上限
（例外）
720 時間／年
80 時間／複数月平均
100 時間／月（未満）

法律による上限
（原則）
45 時間／月
360 時間／年

法定労働時間
8 時間／日
40 時間／週

■ 仕事と家庭生活の両立のための会社の義務（育児・介護休業法関係）

育児

・育児休業
・出生時育児休業
　（産後パパ育休）
・子の看護休暇

・残業制限
・時間外労働制限
・深夜業制限
・所定労働時間の短縮等
・その他育児・介護をする
　労働者に関する措置
・転勤に関する配慮
・育児・介護に関する
　措置の周知

介護

・介護休業
・介護休暇

☑ 理解度チェック

□**1** 働き方改革関連法では，雇用形態間の格差の是正については規定されていない。

解答

1. ✕ 正社員と非正規雇用労働者との間の不合理な待遇差を禁止している

特集4 刑法と少年法

LINK ▶▶▶ 61, 86, 87

刑法

■ 刑事司法の主な原理・原則

令状主義	逮捕や勾留などの強制処分は，裁判官の発する令状によらなければ実行できない
起訴便宜主義	検察官による起訴について，罪の軽重や情状などを考え不起訴にすることを認める
無罪推定法理	被告人は有罪が確定するまでは無罪であるものとして扱わなければならない
当事者主義	訴訟進行の主導権を当事者（検察官と被告人）に与える
罪刑法定主義	犯罪にあたる行為とそれに対する刑罰はあらかじめ法律で規定されていなければならない

■ 被疑者・被告人の主な権利（防御権）

弁護人依頼権	弁護人による弁護を受けることができる
接見交通権	弁護人と自由に面会し，相談できる
証人審問権	すべての証人に対して審問することができる
黙秘権	供述の義務を負わず，沈黙することができる

少年法

- ●少年の健全な育成を期し，非行のある少年に対して性格の矯正及び環境の調整に関する保護処分を行うとともに，少年の刑事事件について特別の措置を講ずることを目的とする（1条）
- ●少年事件では，警察や検察はすべての事件を家庭裁判所に送致しなければならない（全件送致主義）

■ 少年保護手続の対象となる少年

	14歳未満	14歳以上18歳未満	18歳以上20歳未満
犯罪行為あり	触法少年	犯罪少年	特定少年
犯罪行為なし	虞犯少年		

🔑 関連キーワード ┈┈┈┈┈┈┈┈┈┈┈┈┈

- **保護処分**…家庭裁判所に送致された少年を更生させるために行う処分。保護観察, 少年院送致, 児童自立支援施設等送致のいずれかが行われる
- **検察官送致**…犯行時14歳以上の少年の事件で, 死刑, 懲役または禁錮に当たる刑が定められている罪の事件は, 検察官送致の対象となる

特集

すっきりnavi

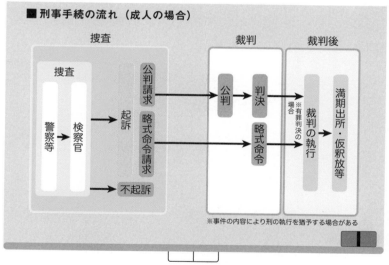

■ 刑事手続の流れ（成人の場合）

|捜査|裁判|裁判後|

捜査

警察等 → 検察官 → 起訴 → 公判請求 / 略式命令請求

不起訴

公判 → 判決

略式命令

※有罪判決の場合 → 裁判の執行 → 満期出所・仮釈放等

※事件の内容により刑の執行を猶予する場合がある

☑ 理解度チェック

☐**1** 証拠が存在する刑事事件においては, 検察官は必ず起訴しなければならない。

☐**2** 訴訟進行の主導権は, 検察官と被告人にある。

☐**3** 12歳の少年が刑法に違反した場合, 少年法上の犯罪少年に該当する。

解答

1. ✕ 罪の軽重や情状などを考え不起訴にすることができる／2. ○／3. ✕ 触法少年である

特集5 地域包括ケアシステム

LINK ▶▶▶ 53

地域共生社会の概要

- 子ども・高齢者・障害者など全ての人々が共に創り，高め合うことができる「地域共生社会」を実現。（介護離職ゼロに向けたその他取組）
- 介護と育児に同時に直面する世帯（ダブルケア）など，複合化・複雑化したニーズに対応する包括的支援体制を構築する
- 包括的支援体制を整備するための事業として，制度の縦割りを解消し，分野を問わない相談支援に対応する重層的支援体制整備事業が位置付けられている

■ 地域福祉にかかわる概念・事業

上位概念	地域共生社会（政策・理念）		
中位概念	包括的支援体制（社会福祉法 106 条の 3）		
	地域包括ケアシステム（地域医療介護確保法 2 条）		
事業名	重層的支援体制整備事業 （社会福祉法 106 条の 4）		

資料：原田正樹「包括的支援体制の制度的理解・考え方」

地域包括ケアシステムの概要

- 地域の実情に応じて，高齢者が，可能な限り，住み慣れた地域でその有する能力に応じ自立した日常生活を営むことができるよう，医療，介護，介護予防，住まい及び自立した日常生活の支援が包括的に確保される体制（地域における医療及び介護の総合的な確保の促進に関する法律 2 条 1 項）
- 中核的施設として地域包括支援センターが各市町村に設置され，高齢者の相談窓口として機能している▶テーマ53
- 税による公助や介護保険などによる共助だけでなく，ボランティアや民間団体（互助），自分自身の取り組みや市場サービスの購入（自助）も含まれる▶すっきりnavi

すっきりnavi

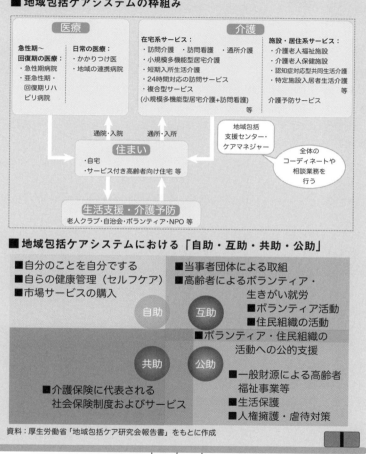

■ 地域包括ケアシステムの枠組み

医療

急性期〜回復期の医療：
・急性期病院
・亜急性期・回復期リハビリ病院

日常の医療：
・かかりつけ医
・地域の連携病院

介護

在宅系サービス：
・訪問介護　・訪問看護　・通所介護
・小規模多機能型居宅介護
・短期入所生活介護
・24時間対応の訪問サービス
・複合型サービス
(小規模多機能型居宅介護+訪問看護)
　　　　　　　　　　　　　　　等

施設・居住系サービス：
・介護老人福祉施設
・介護老人保健施設
・認知症対応型共同生活介護
・特定施設入居者生活介護
　　　　　　　　　　　　等
介護予防サービス

通院・入院　　通所・入所

住まい
・自宅
・サービス付き高齢者向け住宅 等

地域包括支援センター・ケアマネジャー

全体のコーディネートや相談業務を行う

生活支援・介護予防
老人クラブ・自治会・ボランティア・NPO 等

■ 地域包括ケアシステムにおける「自助・互助・共助・公助」

自助
■自分のことを自分でする
■自らの健康管理（セルフケア）
■市場サービスの購入

互助
■当事者団体による取組
■高齢者によるボランティア・生きがい就労
　■ボランティア活動
　■住民組織の活動

共助
■介護保険に代表される
　社会保険制度およびサービス

公助
■ボランティア・住民組織の活動への公的支援
■一般財源による高齢者福祉事業等
■生活保護
■人権擁護・虐待対策

資料：厚生労働省「地域包括ケア研究会報告書」をもとに作成

☑ 理解度チェック

□**1** 地域包括ケアシステムは，税や社会保険料を原資とするサービスに限られる。

解答

1. **✕** 互助や自助も含まれる

障害者の親，きょうだいへの支援

- 障害者の同居家族は「親」が最も多く，全体の5割以上を占める
  - ▶すっきりnavi
- 子どもに障害があることを知った親はショックを受ける。専門職は親が子どもの障害を受け入れる障害受容の過程を見守りつつ支える

■ 親の障害受容の3つのモデル

段階的モデル説 （ドローター）	ショック→否認→悲しみと怒り→適応→再起という段階を経て子の障害を受容する
慢性的悲哀説 （オーシャンスキー）	子の障害を知った親の悲しみは常に内面に存在し，節目節目で再燃する
螺旋形モデル （中田洋二郎）	子の障害を否定する気持ちと受容する気持ちを繰り返しながら少しずつ適応する

- 障害のある子どものきょうだいはさまざまな困難を体験し，兄弟姉妹の介護や家事を担うヤングケアラーである場合も多い。きょうだいのニーズを把握し，支援する必要がある

障害者の子育てニーズと支援

- 障害者は自分の意思で結婚して家庭を築き，子どもをもつ権利をもつ（障害者権利条約23条）

■ 障害をもつ親に対する育児支援
（障害者総合支援法の居宅介護および重度訪問介護）

条件	以下のすべてに該当すること ・利用者（親）が障害によって家事や付き添いが困難な場合 ・利用者（親）の子どもが一人では対応できない場合 ・他の家族等による支援が受けられない場合
支援の具体例	沐浴や授乳，乳児の健康把握の補助，言語発達への支援，保育所・学校等との連絡援助，掃除・洗濯・調理，子どもの通院の付き添い，保育所等の送迎，子どもが利用者（親）に代わって行う家事・育児

🔑 関連キーワード

- **ペアレント・プログラム**…育児に不安がある保護者や，仲間関係を築くことに困っている保護者などを，保育士や保健師などの地域の支援者が効果的に支援できるよう設定されたグループ・プログラム
- **レスパイト・ケア**…家族介護者が休息をとれるよう，介護サービス事業者などが一時的に介護・生活支援などを実施する支援方法

すっきりnavi

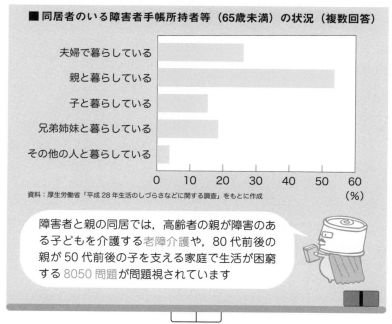

■ 同居者のいる障害者手帳所持者等（65歳未満）の状況（複数回答）

夫婦で暮らしている	
親と暮らしている	
子と暮らしている	
兄弟姉妹と暮らしている	
その他の人と暮らしている	

（横軸：0 10 20 30 40 50 60（%））

資料：厚生労働省「平成28年生活のしづらさなどに関する調査」をもとに作成

障害者と親の同居では，高齢者の親が障害のある子どもを介護する老障介護や，80代前後の親が50代前後の子を支える家庭で生活が困窮する8050問題が問題視されています

☑ 理解度チェック

□**1** オーシャンスキーは，親は子の障害を段階的に受容するという段階的モデル説を提唱した。

□**2** 障害者は自分の意思で結婚して家庭を築き，子どもをもつ権利をもつ。

解答

1. ✕ オーシャンスキーではなくドローター／2. ○

特集 **7** ソーシャルワークに関連する方法

LINK ▶▶▶ 25

コーディネーション

● 目的の達成のために，その目的に適合しそうな社会資源や関係などを調整し，支援体制を築くこと ▶すっきりnavi

ネゴシエーション

● 交渉。意見の異なる相手と話し合い，合意や物事の実現を目指す

■ ネゴシエーションの種類

分配型交渉	有限の利益をどのように分け合うか交渉する
統合型交渉	利益を最大化するためにどのように協力するかを，複数の観点から交渉する

● ソーシャルワークの交渉相手は，近隣住民，連携する他の専門職，同じ組織内の関係者であることが多いため，主に統合型交渉による合意が目指される

ファシリテーション

● 参加者が集団で問題を解決するため，認識の一致を確認し，相互理解を深めるためのサポートを行い，成果を生み出す技術のこと
● ソーシャルワークではグループワークなどの場面で用いられる

プレゼンテーション

● ソーシャルワーカーには，クライエントやその家族への必要なサービスの紹介，調査や事業への補助金の申請，学会発表などの際にプレゼンテーションの技術が求められる

■ プレゼンテーションの種類

紹介型	モノやサービスを紹介し，納得してもらう
提案型	現状の問題点を踏まえ，新しい行動やプランを提案する

すっきりnavi

■ コーディネーションのイメージ

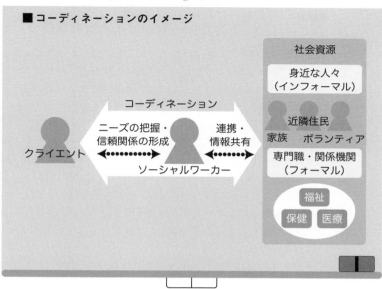

例えば高齢者への支援では，その高齢者が地域の中で孤立していることが多いため，ソーシャルワーカーが本人の視点に立って必要な情報やサービスに結びつける役割を担うことが求められます

☑ 理解度チェック

□1 統合型交渉では，有限の利益をどのように分け合うか交渉する。

□2 提案型のプレゼンテーションでは，現状の問題点を踏まえ，新しい行動やプランを提案する。

解答

1. ✕ 利益の最大化を目指し交渉する。記述は分配型交渉／ 2. ○

カリキュラム改訂の背景——地域共生社会の実現

社会福祉士養成課程のカリキュラム改訂の背景には，わが国が現在置かれている状況があります。少子高齢化や社会の複雑化が進むとともに，解決しなければならない課題が日増しに増えているため，新しいカリキュラムでは社会福祉士を国の目指す「地域共生社会」の実現のための中心的な役割を担う専門職と位置付けることになりました。

社会保障審議会福祉部会福祉人材確保専門委員会の報告書では，社会福祉士に求められる役割について，「地域共生社会」の実現を推進するため，ソーシャルワークの機能を発揮し，制度の横断的な課題への対応や必要な社会資源の開発，地域住民の活動支援や関係者との連絡調整などの役割を担うことが求められているとしています。

社会福祉士は，高齢，児童，貧困などの特定分野だけでなく，社会全体に携わっていきます。そのため社会福祉士には，福祉分野はもとより，必要に応じて，医療や保健分野など，地域住民の要望に合致した社会資源につなぎ，支援体制を構築することが求められています。

巻頭の「注目7テーマ」は，このようなカリキュラム改訂の背景を考慮して，新しく試験範囲に加わった内容を中心に選んでいますよ。

人・社会・生活と
福祉の理解に関する
知識と方法

01 脳

脳の構造

- 脳は人における中心的な神経組織
- 3層の膜（外側から硬膜，くも膜，軟膜）で包まれ，解剖学的には大脳，小脳，間脳，脳幹に大別される
- 大脳…大脳縦裂で左右に分かれ，それぞれ前頭葉，頭頂葉，側頭葉，後頭葉に区分される
- 小脳…平衡機能，姿勢反射，随意運動などをつかさどる
- 間脳…視床，視床下部などで構成される。自律神経，ホルモン分泌の制御など
- 脳幹…中脳（視覚・聴覚・眼の運動の反射中枢，姿勢の維持反射などを担う），橋（顔や眼を動かすことに関係する），延髄（呼吸，循環器系器官の調節機能を有する）の総称

脳幹の中心部は脳幹網様体といい，意識レベルを保つ働きがあります

■脳の構造（側面）

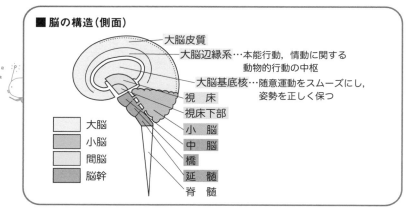

大脳皮質
大脳辺縁系…本能行動，情動に関する動物的行動の中枢
大脳基底核…随意運動をスムーズにし，姿勢を正しく保つ
視　床
視床下部
小　脳
中　脳
橋
延　髄
脊　髄

大脳
小脳
間脳
脳幹

すっきりnavi

■ 大脳の構造

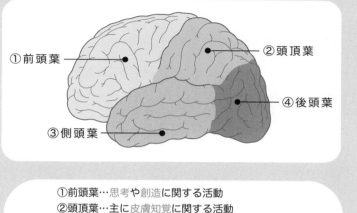

①前頭葉
②頭頂葉
④後頭葉
③側頭葉

①前頭葉…思考や創造に関する活動
②頭頂葉…主に皮膚知覚に関する活動
③側頭葉…聴覚，言語，感情，記憶に関する活動
④後頭葉…主に視覚に関する活動

ウェルニッケ中枢（感覚性言語中枢）は，側頭葉に存在します

☑ 理解度チェック

□**1** 視覚は，後頭葉を中枢とする。
□**2** 小脳に障害があると，バランスをくずす失調が認められる。
□**3** 間脳は，視床，視床下部などで構成され，ウェルニッケ中枢もここにある。
□**4** 脳幹は，上部から橋・中脳・延髄の順に並んでいる。

解答

1. ○／ 2. ○／ 3. ✕ ウェルニッケ中枢は側頭葉にあり，感覚性言語中枢の機能を担う／ 4. ✕ 中脳・橋・延髄の順

02 心 臓

心臓の構造

- 心臓は血液循環の源となる中腔性の臓器
- 握りこぶし大の大きさで，左右の肺に囲まれ，横隔膜上面に位置している
- 内腔は心房中隔と心室中隔で左右に仕切られ，さらに弁（血液の逆流を防ぐ）をはさんで上下に分かれている（右心房，右心室，左心房，左心室）

■ 主な血管の種類

動脈	血液を心臓から送り出す血管。心臓から毛細血管に血液を送るまでに，次第に枝分かれして細くなる。壁は内膜・中膜・外膜の3層からなる
静脈	末梢から心臓に戻る血管。動脈同様に3層構造を持つが，内膜と中膜が薄いため弾性に乏しく，外膜だけが厚くなっている。ところどころに血液の逆流を防ぐ静脈弁があり，特に体肢に多い
毛細血管	末梢の細動脈と細静脈との間をつなぐ血管で，網の目のようにはりめぐらされている。太さは約5～10μmで，赤血球がようやく通れる程度のものもある

🔑 関連キーワード ···

- **心拍数**…心臓では毎分約70～80回（成人）の収縮が繰り返され，約5ℓの血液を全身に送り出す。この動きを拍出といい，1分間の収縮の回数を心拍数という
- **血圧**…心臓から血液が送り出されるときに動脈の血管壁にかかる圧力を血圧という。心臓が収縮したときの血圧を最高血圧（収縮期血圧），心臓が拡張したときの血圧を最低血圧（拡張期血圧）という
- **動脈血**…肺に入って酸素を多く含んだ血液
- **静脈血**…全身に酸素を供給した後の二酸化炭素を多く含んだ血液

すっきりnavi

■ 心臓の構造と血液の流れ

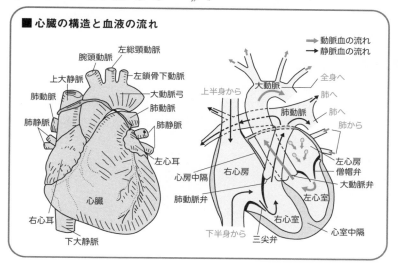

肺循環では，肺動脈を流れる血液が静脈血で，肺静脈を流れる血液が動脈血になります。肺動脈は，人体で動脈の中を静脈血が流れる唯一の箇所です

☑ 理解度チェック

□**1** 最高血圧とは，心臓が拡張したときの血圧である。

□**2** 肺でガス交換された血液は，肺動脈で心臓へと運ばれる。

□**3** 心臓の左の心房と心室の間にある弁を三尖弁，右の心房と心室の間にある弁を僧帽弁という。

□**4** 大動脈は右心室から出ている。

□**5** 下大静脈の血液は右心室に入る。

解答

1. ✕ 最高血圧とは，心臓が収縮したときの血圧。記述は，最低血圧／2. ✕ 肺から送り出された血液が通るのは肺静脈／3. ✕ 三尖弁は右，僧帽弁は左に位置する／4. ✕ 大動脈は左心室から出ている／5. ✕ 下大静脈の血液は右心房に入る

03 呼吸器系器官

呼吸器系器官の構成と役割

- 空気中から酸素を吸収して血液に取り込み，血液中の二酸化炭素を空気中に排出する器官の総称
- 外鼻，鼻腔，咽頭，喉頭，気管，気管支，肺，肺胞などで構成される
- 鼻腔…気道の温度・湿度の調整を行う。鼻腔には副鼻腔と鼻涙管が，咽頭には耳管が開口し，眼や耳につながっている
- 気道…鼻から肺胞に達するまでの空気の通り道

  《上気道》

  　口腔➡鼻腔・副鼻腔➡咽頭

  《下気道》

  　気管➡気管支➡細気管支
- 肺…呼吸器の主要部を構成する胸部内臓。左右1対から成り，右肺は上中下の3葉，左肺は上下の2葉に分かれる
- 肺胞…肺動脈・肺静脈の毛細血管に付く小さな泡（袋状）のような組織。片方の肺で約3億個あるとされている

🔑 関連キーワード ･･････････････････････････････････

- **外呼吸**…肺循環の際に肺動脈から肺に入った静脈血が，肺胞でガス交換を行って酸素が多い動脈血に変化する
- **内呼吸**…身体の各細胞と動脈血との間で行われるガス交換
- **呼吸運動**…肺の空気を外界空気と入れ替えるための肺の運動。胸壁の各種筋肉と横隔膜との連動で，成人で毎分12～18回行われる
- **喚気量**…1分間の呼気量のこと。成人で1回約450mℓ，毎分約6～8ℓ
- **嚥下**…水分や食物を口腔に取り込んで，咽頭から食道・胃へと送り込むこと。この過程のいずれかが障害されると，嚥下障害が生じる

すっきりnavi

■ 呼吸器系器官

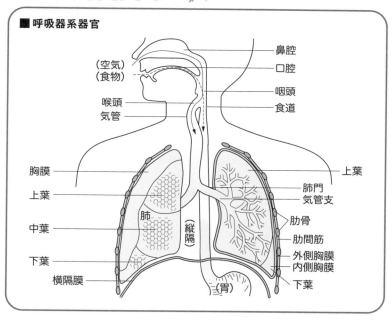

鼻腔
口腔
咽頭
食道
（空気）
（食物）
喉頭
気管
胸膜
上葉
中葉
下葉
横隔膜
肺
（縦隔）
（胃）
上葉
肺門
気管支
肋骨
肋間筋
外側胸膜
内側胸膜
下葉

食物が食道ではなく，気管に入ってしまう
のが誤嚥です

☑ 理解度チェック

□**1** 呼吸器系器官は，酸素を取り込み，二酸化炭素を吐き出す。
□**2** 右肺は2葉，左肺は3葉から成っている。
□**3** 胃は横隔膜の上にある。
□**4** 気管は食道の後方に位置する。

解答

1. ○／2. ✕ 右肺は3葉，左肺は2葉／3. ✕ 横隔膜の下にある／4. ✕ 気管は食道
の前方に位置している

04 国際生活機能分類（ICF）

ICFの概要

● WHO（世界保健機関）が2001年にICIDHを21年ぶりに改訂し，ICFとして採択。「国際生活機能分類」

● 健常な機能を重視し，「生活機能」というプラス面に着目した分類

● 生活機能には，心身機能・身体構造，活動，参加の3つの階層があるととらえ，これらに何らかの問題が生じた状態を，それぞれ機能障害，活動制限，参加制約とし，総称して「障害」と呼ぶ

● 活動…個人による課題や行為の遂行

● 参加…生活・人生場面へのかかわり

● 活動制限…個人が活動を行うときに生じる難しさ

● 参加制約…個人が何らかの生活・人生場面にかかわるときに経験する難しさ

● 環境因子…福祉用具や住宅などの物的環境，家族や介護従事者などの人的環境，法制度や行政，各種サービスなどの制度的環境

● 個人因子…性別や年齢，生活歴など生活機能に関係する

ICFでは，杖歩行が困難となった状態を「活動制限」と表現しています

🔑 関連キーワード ･･

● **ICIDH**…1980年に採択。「国際障害分類」。障害を，「機能障害」「能力障害」「社会的不利」の3つに分類し，構造的にとらえたもの。病気・変調を出発点に，機能障害→能力障害→社会的不利の順に障害が発生するとした

● **WHO憲章による健康の定義**…WHOが，設立時（1948年）に定義。「健康とは，完全な肉体的，精神的および社会的福祉（ウェルビーイング）の状態であり，単に疾病または病弱の存在しないことではない」とされている

すっきりnavi

■ 国際生活機能分類（ICF）の構造

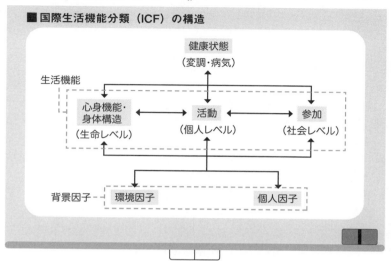

ICFでは背景因子として「環境因子」と「個人因子」という観点が加えられているんだね

☑ 理解度チェック

□1 国際生活機能分類（ICF）においては，杖歩行が困難となった状態を，「活動制限」と表現する。

□2 ICFにおける生活機能とは，心身機能，身体構造および活動の3つから構成される。

□3 ICFにおける「背景因子」の構成要素は，心身機能と身体構造，活動と参加である。

□4 ICFにおける「活動」とは，生活・人生場面へのかかわりである。

□5 ICFで介護者は，背景因子のうちの「個人因子」に含まれる。

解答

1. ○／2. × 生活機能の構成要素には，心身機能・身体構造，活動，参加の3つがある／3. × 背景因子は，環境因子と個人因子の2つの構成要素からなる／4. × 活動は，個人による課題や行為の遂行のこと／5. × 介護者は背景因子の環境因子に含まれる

05 DSM - 5

DSM - 5の概要

- アメリカ精神医学会（APA）が，1952年に初版（DSM-Ⅰ）を発表。精神疾患を診断する際の指針となるガイドライン。「精神障害の診断・統計マニュアル」（Diagnostic and Statistical Manual of Mental Disorders）

- 1980年に，第3版（DSM-Ⅲ）を発表。明確な操作的診断基準を示すことで，診断する人の主観によって診断が左右されることなく，誰が診断しても同じ診断名に至る客観的な診断基準（操作主義）を採用。また，患者を多面的にとらえるための多軸診断を採用した

- 1994年に，第4版（DSM-Ⅳ）を発表。その改訂版であるDSM-Ⅳ-TR（2000年発表）は5つの軸により生物・心理・社会的に評定を行うもので，うちⅠ軸とⅡ軸が精神障害の分類にあたる

- 2013年に，第5版（DSM-5）を発表。これまで採用されていた多軸診断が廃止され，何らかの症状がある場合と健常な状態とはつながっているとするスペクトラム（連続体）という考え方が取り入れられ，その診断方法として多元的診断が導入された

- 第5版（DSM-5）における統合失調症の診断基準は，持続的な徴候が少なくとも6か月間存在し，①妄想，②幻覚，③まとまりのない発語，④ひどくまとまりのない行動，⑤陰性症状のうち2つ以上が1か月ほぼ常に存在していることとなっている

関連キーワード

- **ICD**…WHO（世界保健機関）による，「国際疾病分類」。異なる国や地域から，異なる時点で集計された死亡や疾病のデータの体系的な記録，分析，解釈および比較を行うためのもの。現行は，ICD-10（第10回改訂版）。第5章（カテゴリーF）が「精神および行動の障害」。厚生労働省の統計などでは，ICD-10が採用されている

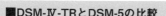

すっきりnavi

■DSM-Ⅳ-TRとDSM-5の比較

①Ⅰ軸～Ⅲ軸は解体されて各章に分散された。Ⅳ軸については ICD-10-CM コードを使用することになり，Ⅴ軸については WHODAS2.0（世界保健機関能力低下評価尺度第二版）を使用してもよいことになった。

②精神遅滞において IQ による診断が行われなくなった。

③気分障害が，双極性障害および関連障害群と抑うつ障害群に分離された。

④不安障害が，不安症群・強迫症および関連症群・心的外傷およびストレス因関連障害群に分離され，適応障害は心的外傷およびストレス因関連障害群に統合された。

⑤精神疾患名が変更された（下表は主なもの）。

DSM-IV-TR	DSM-5
精神遅滞	知的能力障害
言語障害	言語症
自閉症・アスペルガー症候群・小児期崩壊性障害・特定不能の広汎性発達障害	自閉スペクトラム症
注意欠陥 / 多動性障害	注意欠如・多動症
学習障害	限局性学習症
不安障害	不安症群
パニック障害	パニック症
解離性障害	解離症群
アルコール依存	アルコール使用障害
性同一性障害	性別違和

☑ 理解度チェック

□1 DSM-5は，WHOによって作成された。

□2 DSM-5では，多軸診断を行う。

□3 注意欠如・多動症（ADHD）は，DSM-5の発達障害に当たる「神経発達症群/神経発達障害群」に分類されている。

解答

1. ✕ アメリカ精神医学会によって作成／ 2. ✕ 多軸診断はDSM-ⅢとDSM-Ⅳで採用された。DSM-5は多元的診断／ 3. ◯

06 老化

LINK ▶▶▶ 49

加齢による身体・精神的変化

- 高齢者には加齢による身体的・精神的変化（老化）が生じる
- 老化による身体の変化は，生理機能を低下させる
- 高齢者の疾患には，①老化との境界線があいまい，②個人差が大きい，③病状が非定型で重複化，重篤化，長期化しやすいという特徴がある

肺や腎臓は，老化による生理機能低下が顕著な器官です

■老化による身体・精神的変化

消化・吸収・排泄	唾液分泌や舌の運動機能，咀しゃく機能，嚥下機能の低下を招く。尿道が弛緩して尿失禁が生じやすくなる。男性は，前立腺肥大症で尿道が圧迫されると排尿に時間を要する
呼吸・循環	収縮期血圧（最高血圧）は上昇し，拡張期血圧（最低血圧）は低下する傾向にある
感覚	聴力は高音領域から低下する。緑内障では，視野狭窄を生じる
精神的変化	記銘力や記憶力など，新しいことを記憶したり学習したりする流動性知能が低下する。判断力,思考力などの結晶性知能は,生涯維持することも可能

🔑 関連キーワード ·····························

- **尿失禁**…無意識のうちに尿をもらす状態。女性に多いのは腹圧性尿失禁，男性に多いのは溢流性尿失禁，男女ともに多いのが切迫性尿失禁である

すっきりnavi

■ 高齢者によくみられる疾患

疾患名	特徴
認知症	一旦は正常に発達した知的機能が持続的に低下し，日常生活に支障をきたすようになること。血管性認知症やアルツハイマー型認知症などがある
骨粗鬆症	全身の骨量が低下して骨がもろくなり，骨折の危険性が高くなった状態。女性や高齢者に多くみられる
変形性関節症	股関節，膝関節，肘関節などの大関節に変形，痛み，運動制限が現れる。関節軟骨の変形・破壊，骨軟骨の増殖を伴い，膝関節に頻発する。中年期以降の女性に多くみられる
嚥下障害	食物が口腔から咽喉へ，さらに食道を通り，胃の噴門に至るまでの過程に障害が生じること。食物が気道に流れ込む誤嚥による誤嚥性肺炎が多くみられる
白内障（白そこひ）	老人性白内障は，加齢に伴い水晶体の混濁が進むことによって発症する
生活不活発病（廃用症候群）	疾患や外傷によって長期に安静を強いられ，必要以上に身体や精神を使わない状態が続くと，心身の機能が低下し，健康な部分にも機能障害が起こる状態
尿路感染症	免疫力・尿路の感染防御機能の低下のほか，男性の場合は前立腺疾患などで起こる尿の通過障害，女性の場合は閉経後の尿道粘膜萎縮などが原因で起こる
脱水症	症状としては，尿量減少，頻脈，血圧低下などがみられ，結果として電解質の異常や意識障害を呈する

☑ 理解度チェック

□1 加齢による聴力の低下は，低い音（低周波領域）から始まる。
□2 高齢者の血圧は，収縮期血圧と拡張期血圧ともに上昇する。
□3 変形性関節症が頻発する部位は，肘関節である。
□4 白内障は，水晶体が混濁してものが見えにくくなるという特徴がある。

解答

1. × 高い音（高周波領域）から始まる／ 2. × 収縮期血圧が上昇し，拡張期血圧は低下する／ 3. × 膝関節に頻発する／ 4. ○

07 感覚・知覚

感覚とは

- 感覚とは，眼や耳などの感覚器官にある感覚受容器を介してとらえられた刺激や情報が，神経を通して末梢から中枢へ，つまりは脳や脊髄へと伝達される過程をいう

🔑 関連キーワード ·······································

- 平衡感覚…空間における身体の位置や運動についての感覚
- 自己受容感覚…身体動作における自己刺激を感知する筋・腱・関節の感覚受容器に基づいた，緊張，運動，位置感覚。運動感覚ともいう
- 有機感覚…尿意，便意，空腹など身体内部の情報により生じる感覚
- 適刺激…各感覚器官に適した刺激（例：聴覚を反応させる音波）

刺激閾	感覚受容器がとらえることのできる最小の刺激強度
刺激頂	感覚受容器がとらえることのできる最大の刺激強度
弁別閾（丁度可知差異）	刺激の違いを区別できる最小の差異

知覚とは

- 知覚とは，五感などで感受した刺激や情報に，さらに意味付けをするなどして，環境や自己の状態を知る働き。感覚の次の段階における認知行動

知覚者の主体的条件によって，事物の知覚のされ方が異なります

🔑 関連キーワード ·······································

- 認知…人間が事物を理解し，思考や意味付けをする際に伴うすべての情報処理活動。外的要因だけでなく内的要因にも影響される

すっきり navi

■ さまざまな知覚の働き

明順応	可視光量の少ない環境から多い環境へ急激に変化した場合に，時間経過とともに徐々に視力が確保される↔暗順応
知覚の体制化	外界の環境において，無秩序に存在する無数の刺激のある部分を切り取って，選択的に秩序付け，意味付け，1つの「まとまり」として知覚すること
選択的注意	物理的環境の中に存在する無数の刺激の中から対象を選択的に知覚すること。カクテルパーティ効果など
知覚の恒常性	物理的刺激が変化しても同一の性質が保たれて知覚される働き（恒常現象）
錯視	知覚される状態と実際の物理的な状態の間に差異が生じ，視覚において，刺激の持つ物理的特性と実際に知覚された情報が顕著に食い違って現れる錯覚のこと
仮現運動	実際には動いていないのに，類似の刺激を連続して与えられると，動いているように感じる現象。見かけの運動

右の線のほうが長く見える！

これは，ミュラー・リヤーの錯視図形といって，左右とも同じ長さです。錯視の典型例です

☑ 理解度チェック

□1 10m先にいる人がだんだん近付いてきても，知覚上の大きさはそれほど変化しない。これは，知覚の恒常性と呼ばれる現象である。

□2 圧刺激によって光を感じ取る場合，この刺激を適刺激という。

解答

1. ○ ／ 2. ✕ 記述は，不適刺激である。適刺激とは，特定の感覚器に感覚を生じさせる上で特に適合したタイプの刺激をいう

08 ストレスと適応機制

ストレスとは

- セリエは，ストレスを「外界のあらゆる要求に対する身体の非特異的反応」であると提唱
- ストレスの原因・要因となるものをストレッサーと呼び，それに対する反応をストレス反応，身体に生じる症状をストレス症状という

■ ストレス症状

うつ症状	喪失体験，昇進，引越し，結婚などがストレッサーとなる。症状は，日内変動が特徴的で，自殺企図がしばしばみられるので注意が必要
アルコール依存	飲酒でストレス反応を軽減しようとし，飲酒のコントロールを失い，離脱症状が生じると，アルコール依存となる
燃え尽き症候群（バーンアウト）	何らかのきっかけであたかも燃え尽きるように活力を失う不適応状態。職場の人間関係などで，傷付いたり疲れてしまうことがストレッサーとなり，生じることもある
心的外傷後ストレス障害（PTSD）	極めて強い身体的・精神的ストレスに遭遇した数週間から数か月後に現れる障害。フラッシュバックや悪夢，不眠をはじめとする睡眠障害，集中困難などに悩まされる
過換気症候群	何らかの原因で過呼吸に陥り，その結果引き起こされる。過度のストレスが誘因となって生じる場合もある
過敏性腸症候群(IBS)	不安や緊張など，過度のストレスが誘因となる場合もある

適応機制とは

- 適応機制とは，欲求不満などで切迫した状況に置かれた場合，自己を守るためにさまざまな手段を用いること。防衛機制ともいう

🔑 関連キーワード ・・

- **コーピング**…ストレッサーに直面したとき，ストレス反応を軽減させたり，引き起こさないようにしたりする対処行動

情動焦点型コーピング	問題に対する情動的な反応をコントロールしたり変化させたりして，苦痛の軽減を目指す
問題焦点型コーピング	問題を明確にし，別の解決方法を見つけてストレッサーを改善し，問題自体を取り除くことを目指す

すっきり navi

■ さまざまな適応機制

逃避	困難な場面から逃げ出し，ほかの行動に没頭することで自分を守ろうとすること
抑圧	苦痛な感情，欲求，記憶などを意識から閉め出して，思い出さないようにすること
退行	耐えがたい事態に直面したとき，発達の未熟な段階に戻って自分を守ろうとすること
拒否	欲求不満を感じるような状況を避けるために，周囲からの指示や要求を拒絶すること
同一化 （同一視）	他者のある一面やいくつかの特性を自分の中に当てはめて，それと似た存在になること
投影 （投射）	自分の中の認めがたい抑圧した感情を，ある他者に所属するとみなすこと
置き換え	動機が直接的に表現されず，受け入れやすい形で現れること
昇華	直ちに実現できないことを社会的・文化的価値の高い活動で代償させること
代償	要求が実現できないとき，類似したほかの要求を実現することで満足すること
補償	劣等感を別の対象や分野における優越感で補おうとすること
反動形成	抑圧された欲求と反対の傾向を持つ行動や態度をとろうとすること
合理化	自分に都合のいい理由付けをして立場を正当化させ，情緒の安定を図ろうとすること
攻撃	他人や物を傷付けたり規則を破るなどして，欲求不満を解消しようとすること

世の中に適応するのは大変だよね

☑ 理解度チェック

□1 仕事で小さいミスをして気分が落ち込んでいたので，ある友人とカラオケに行ったら元気が出てきた。これは問題焦点型コーピングである。

□2 合理化とは，自分がとった葛藤を伴う言動について，一見もっともらしい理由付けをすることをいう。

解答

1. ✕ 記述は，情動焦点型コーピングである／ 2. ◯

09 集 団

LINK ▶▶▶ 10

集団とは

- 人は，1人でいるときと集団の中にいるときでは，異なった行動の
  パターンをとる。この場合の集団とは，個体間に相互依存的関係が
  あり，相互作用や心理関係がみられる複数の個体の集まりのことを
  いう

🔑 関連キーワード ……………………………………………………

- **集合**…個体間に相互作用・心理関係・相互依存的関係のいずれもな
  い複数の個体の集まり
- **凝集性**…統合の強さを示す概念。メンバー間の同質性を強化するこ
  とで凝集性は高まる
- **コンフリクト**…集団内に生じる争い，衝突，対立などをいう
- **光背（ハロー）効果**…対象者がある側面で望ましい（望ましくない）特
  徴を持っていると，その評価を対象者の全体的評価にまで広げてしま
  う現象
- **ピグマリオン効果**…教師が生徒に対して成績向上の期待をすること
  で，実際にその生徒の成績が向上していくなど，期待することによっ
  て相手もその期待に応えるようになる現象
- **傍観者効果**…緊急の援助を要する人がいる場面などで，目撃者が多
  数いることによって，援助の手が差し伸べられにくくなる現象
- **社会的ジレンマ**…集団の成員の多くが個人の利益を追求すること
  で，その行動自体はそれほど問題がなくとも，集団全体として大き
  な不利益に発展する

例えば，緊急時のマスクの買い占めや
買いだめも社会的ジレンマといえます

すっきりnavi

■ 集団の影響

同調（行動）	集団の成員に，集団規範（行動や判断の準拠枠）を共有するよう，集団圧力がかかり，個人の行動や意見が変化すること
社会的促進 ↕ 社会的抑制	同じ仕事でも，個人でするより集団で一緒にするほうが能率が上がる現象のこと
	集団の中にいることで，能率が上がらなくなる現象のこと
社会的手抜き ↕ 社会的補償	集団で課題を遂行する際に，「自分1人くらい手を抜いてもかまわないだろう」といった心理が働くこと
	集団の成果を上げるべく他者の不足分を補おうと努力すること
リスキー・シフト ↕ コーシャス・シフト	個人の意思決定よりも，集団での意思決定のほうがリスキーな方向へと極端化すること
	集団の意思決定が安全（コーシャス）な方向へシフトすること

矢印の上下は，真逆の行動パターンだね

☑ 理解度チェック

- □1 周囲で見ている人がいると作業が早くなるなど，個人の作業成績が向上する現象を同調という。
- □2 集団の成員の多くが個人の利益を追求することで，集団全体として大きな不利益の結果が生じることを社会的ジレンマという。
- □3 集団において多数派の意見や期待に合わせて，個人の意見や行動が変化することをピグマリオン効果という。

解答

1. × 社会的促進という／ 2. ○／ 3. × 同調（行動）という

第1章

10 社会集団

LINK ▶▶▶ 09

社会集団の諸理論

■集団の分類や特徴を論じた主な社会学者

人名	キーワード
ウェーバー	官僚制。合理的で専門的訓練を受けた没人格的組織
テイラー	科学的管理法。効率的動作のマニュアル化
メイヨー	ホーソン実験。物理的条件よりも仲間集団のありようが影響
テンニース	ゲマインシャフト（共同社会）とゲゼルシャフト（利益社会）
クーリー ら	第一次集団（プライマリー・グループ）と第二次集団（セカンダリー・グループ）
マッキーバー	コミュニティとアソシエーション
高田保馬	基礎社会と派生社会
サムナー	内集団（仲間）と外集団（敵意）
マートン	準拠集団（リファレンス・グループ）。現に所属しているかどうかに関係なく，個人の価値判断や行動に影響を与える集団

官僚制には，形式にとらわれすぎるなど，業務の効率性を損なう面もあり，マートンはそれを官僚制の逆機能と呼びました

🔑 関連キーワード ·······························

- **フォーマル集団**…公式集団のこと。会社・自治体・学校・ボランティア団体など，目標達成のために人為的につくられた集団
- **インフォーマル集団**…フォーマル集団のように組織上で公的に規定されていない，親密なメンバー同士による集団（非公式集団）

すっきりnavi

■ 集団の分類

学者名	分類名	ポイント
テンニース	ゲマインシャフト	家族や村落など，本質意志に基づく親密な集団
	ゲゼルシャフト	大都市や国家など，選択意志に基づく目的的な集団
クーリー ら	第一次集団	家族や遊び集団，地域集団など，対面的で親密な集団
	第二次集団	企業や学校，国家など，ある目的のために人工的につくられ，関係もより非人格的になっている集団
マッキーバー	コミュニティ	地域性に基づく共同体。アソシエーションの土台となる
	アソシエーション	共通の利害に基づく人工的な集団（※家族も含まれる）

☑ 理解度チェック

□**1** ゲゼルシャフトとは，相互の感情や了解に基づく緊密な結び付きによる共同社会である。

□**2** インフォーマル集団とは，公式集団のことを指し，会社・自治体・学校・ボランティア団体など，目標達成のための集団である。

□**3** テンニースは，全体意志に基づく第一次集団が解体し，一般意志に基づく第二次集団が優越するようになると考えた。

□**4** 現在は所属していない団体や組織であっても，将来所属したいと思っている集団等は準拠集団になり得る。

解答

1. ✕ 記述は，ゲマインシャフト（共同社会）／ 2. ✕ 記述は，フォーマル集団／ 3. ✕ 第一次集団，第二次集団という分類は，クーリーらによるもの／ 4. ◯

11 心理療法

遊戯療法のポイント

- 遊戯療法（プレイセラピー）とは，玩具や遊具を用いて子どもと一緒に遊びながら，ラポール（信頼関係）を築き，治療する方法
- 遊戯療法は，1対1の個別療法として実施することができるだけでなく，集団で実施することもできる
- 遊戯療法の技法には，児童分析による手法，関係療法，非指示的療法，実存的療法といった種類がある

認知行動療法のポイント

- 認知療法と行動療法の両者を統合したものを認知行動療法と呼ぶ
- 認知行動療法には，他者の行動観察を通して行動の変容をもたらすモデリングが含まれている
- あえて不安や恐怖を感じる場面を体験して慣れさせて，克服していくというエクスポージャー法（暴露療法）を用いることもある

家族療法の特徴

- 家族療法は，家族全体を対象とした問題解決を目的としている
- 家族療法では，一般システム理論を基礎理論としている
- 家族療法では，個人への精神力動的アプローチよりも，家族システム・アプローチが重視される

SST（社会生活技能訓練）の特徴

- SSTは，認知行動療法の技法を用いた心理療法で，アメリカの精神科医リバーマンらが開発した
- SSTでは，生活上の困難がある障害者に，社会生活技能の獲得のための訓練を行い，生活の質の向上を目指すことを目的としている
- SSTの理論は，行動療法，社会的学習理論，統合失調症の疾患モデルから成り立っている
- SSTには，受信技能，処理技能，送信技能の3つの要素がある
- 1994（平成6）年には，精神科専門療法として，入院生活技能訓練療法が診療報酬化され，普及してきた

すっきりnavi

■ **遊戯療法の技法**

児童分析による手法	クラインが創案した，精神分析の技法を子どもに適用しようとするもの
関係療法	現在の治療者と子どもの関係を重視して子ども自身の力を引き出そうとするもの
非指示的療法	アクスラインによる，クライエント中心療法の考え方を基礎とするもの
実存的療法	子どもと治療者が自由に関係を築いていくもの

遊戯療法の主な対象は，3・4歳から11・12歳までの子どもで，多くは個別療法として行われます

☑ 理解度チェック

□**1** 認知行動療法において，セラピストは，クライエントが独力で問題解決できるように，クライエントとの共同作業はしない。

□**2** 認知行動療法には，他者の行動観察を通して行動の変容をもたらすモデリングが含まれる。

□**3** 認知行動療法では，少しでも不快な刺激に曝すことは避け，トラウマの再発を防ぐ。

□**4** 精神分析療法では，無意識のエス（イド）の活動と，意識の自我（エゴ）の活動とが適切に関連するように援助する。

解答

1. ✕ 認知行動療法では，セラピストがクライエントに積極的にかかわり，共同作業を行うことを重視している／2. ○／3. ✕ 認知行動療法では，あえて不安や恐怖を感じる場面を体験させることもある／4. ○

12 家 族

家族の類型

■自分を中心とするとらえ方

定位家族	自分が生まれ育ち，社会化された家族
生殖家族	自分が結婚してつくった家族

■家族の構成による分類

核家族	夫婦と未婚の子からなる。家族の機能を果たすための最小限の普遍的単位として，マードックが示した概念。なお，わが国の国勢調査では，夫婦のみ，夫婦と子，男親と子，女親と子からなる家族を「核家族」という
拡大家族	核家族をつくっている夫婦の親が同居したり（三世代同居），夫婦の兄弟姉妹が同居するような形態
複合家族	拡大家族の一類型。複数の子どもが，結婚後も親と同居することを原則とする
直系家族	拡大家族の一類型。跡継ぎとなる子ども（子どものうち 1 人）の家族と親が同居を繰り返して，直系の家族が世代的に再生産される家族形態
修正拡大家族	結婚して家族を形成した子の世帯とその親世帯とが別に居を構え，対等に協力し合う。形式的には拡大家族ではないが，実質的にはそれに近い。リトウォクの用語

民法には「家族」についての定義はなく，「親族」として，
6 親等内の血族，配偶者，3 親等内の姻族（配偶者の
血族または自分の血族の配偶者）を規定しています

🔖 関連キーワード ･･

● **民法上の扶養義務**…直系血族および兄弟姉妹は互いに扶養する義務
がある。それ以外の3親等内の親族は，特別の事情があり，家庭裁
判所が認めた場合に限り扶養義務がある

すっきりnavi

■近代の家族をめぐる学説

バージェス とロック	伝統的な家族が家父長制という制度に規定されていたのに対し，近代の家族は個人間の感情に基づくものになった（「制度から友愛へ」）
オグバーン	家族が従来担ってきた経済，教育，宗教，娯楽，保護，地位付与の6機能は産業化の中で失われ，愛情という機能のみが残る（家族の機能の縮小）
パーソンズ	現代家族の機能は，子どもの基礎的な社会化（社会に適応させること）と，成人のパーソナリティの安定化の2つ

> パーソンズは，家族における性別役割分業にも触れているよ

> 男性は手段的役割（外に出て生活費を稼ぐ）を，女性は表出的役割（家族の情緒面の安定を図る）を担うものと，固定的にとらえました

☑ 理解度チェック

☐**1** 定位家族とは，子どもが生まれ，社会化される場としての家族である。

☐**2** 直系家族制の場合，複数の子どもが，結婚後も親と同居することを原則としている。

☐**3** パーソンズは，夫・父親は表出的役割，妻・母親は手段的役割という家庭内役割分担の図式を提示した。

☐**4** 家庭裁判所は，特別の事情がある場合であっても，4親等の親族に扶養の義務を負わせることはできない。

解答

1. ○／ 2. ✕ 記述は，複合家族制の説明である／ 3. ✕ 夫・父親は手段的役割，妻・母親は表出的役割を担うとした／ 4. ○

13 社会問題の理論

社会問題とは

- 社会の欠陥から生じる労働問題，差別問題，環境問題，貧困問題などの総称
- 人々が共有している社会的標準と社会生活の現状との実質的な食い違いのこと（マートン『社会理論と機能分析』）
- 社会問題（逸脱行為）の原因を分析する主な理論には，分化的接触論，ラベリング論，構築主義などがある▶すっきりnavi

🗝 関連キーワード ·······································

- **アノミー**…旧来の規範が崩れて社会統合が緩み，混乱した状態のこと。フランスの社会学者デュルケムが確立した概念。アメリカの社会学者マートンは，これに自分なりの解釈を加え，「文化的目標とそれを達成するための手段のズレから生じる社会規範の衰退」ととらえた
- **社会運動**…社会の現状を批判して，変革していこうとする集団的な動き。社会問題を認知し，それに対する行動を起こすという点で，社会問題と社会運動は連動する
- **新しい社会運動**…1960年代以降に，フランス，イタリア，旧西ドイツなどで展開されたフェミニズム運動やエコロジー運動などの特徴を，階級闘争型の労働運動との対比で示した概念。個人の自律性の重視，多様な価値観の許容，組織の結合の柔軟性などを基本原理とする
- **環境問題**…人間の活動により地球環境に変化が生じて起こる問題。気候変動，大気汚染，水質汚濁，海洋汚染など。日本では水俣病をはじめとする公害によって広く認識されるようになった

すっきり navi

■ 社会問題の代表的な原因論

理論名	提唱者	問題（逸脱）の発生過程・原因
分化的接触論	サザーランド	周囲の環境（犯罪者の仲間等）からの学習による
文化遅滞論	オグバーン	物質的文化の発展スピードに対する，非物質的文化（思想，精神等）の遅れ（ズレ）から問題が生じる
ラベリング論	ベッカー	ある行為に対して，社会が「逸脱」というラベルを貼ることによって，その行為が問題化する
構築主義	スペクター，キツセ	ある事象に対して，それを解決すべきだと主張する（claim）人々の声が広く認知されることで，その事象が問題化する

ラベリング論では「ラベルを貼る側に問題あり」と考えるよ

☑ 理解度チェック

☐ **1** ラベリング論とは，周囲の人々や社会統制機関などが，ある人々の行為やその人々に対してレッテルを貼ることによって，逸脱は作り出されるとみる立場である。

☐ **2** 分化的接触論では，被差別的な関係性に置かれることが逸脱の生成要因であると考える。

☐ **3** マートンによれば，アノミーは，文化的目標と制度的手段の合致が，人々に社会的緊張をもたらすために生じるものである。

解答

1. ○／ 2. × 周囲の環境からの学習が生成要因／ 3. × 文化的目標と制度的手段のズレから生じる

14 社会保障制度審議会

社会保障制度審議会とは

● 内閣総理大臣の諮問機関（現：社会保障審議会）
● 社会保障全般にわたる調査，審議および勧告を行う

■ 社会保障制度審議会の3つの勧告

年	勧告
1950年	社会保障制度に関する勧告（50年勧告）
1962年	社会保障制度の総合調整に関する基本方策についての答申および社会保障制度の推進に関する勧告（62年勧告）
1995年	社会保障体制の再構築に関する勧告（95年勧告）

● 50年勧告…戦後の社会保障の方向性を定める
　➡社会保険を中心に，公的扶助，公衆衛生，社会福祉の総合的推進を国家の責任と位置付け
● 62年勧告…高度経済成長期の社会保障の見直しを図る
　➡所得格差の問題に対し，公的扶助，社会福祉の充実を求めた
　➡国民による日常的な社会連帯の必要性が記された
● 95年勧告…国民の自立と社会連帯を社会保障の基本理念とした
　➡この勧告の流れが社会福祉基礎構造改革として具現化
　➡介護サービスの供給制度の運用に要する財源は，公的介護保険を基盤にすべきと提言された

🔑 関連キーワード・・・・・・・・・・・・・・・・・・・・・・・・・・・・・・・

● 社会保障審議会…2001年の省庁再編により，社会保障制度審議会も再編された。厚生労働大臣の諮問機関のひとつで，社会保障全般に関する事項について審議，調査等を行う
● 「21世紀福祉ビジョン―少子・高齢社会に向けて―」…高齢社会福祉ビジョン懇談会が1994年に発表。「年金」「医療」「福祉その他」の給付構造を5：4：1から5：3：2への転換が必要であるとした

すっきりnavi

■50年勧告による4つの部門

部門	内容	
社会保険	国民の労働力の維持と健康の保持に力点を置き，各種の社会保険を統合して給付と負担の公平を図る制度	医療保険，年金保険，介護保険など
公的扶助	生活困窮者に対し，国家責任において最低限度の生活を保障し，自立向上を目的とした制度	生活保護など
公衆衛生	国民に対して体位の向上や疾病の予防を図るために行う保健衛生活動	結核，麻薬，廃棄物処理など
社会福祉	国家扶助の適用を受けている者，身体障害者，児童，その他の援護育成を要する者を対象に，必要な生活指導，更生補導，その他の援護育成を行う制度	障害者，老人，児童，母子に対する福祉など

☑ 理解度チェック

□1 「1950年の勧告」において，社会福祉を，公的年金を受給している者，身体障害者，児童，その他の援護育成を要する者を対象として，必要な生活指導，更生補導，その他の援護育成を行うとした。

□2 1995（平成7）年の社会保障制度審議会の勧告で，介護サービスの供給制度の運用に要する財源は，公的介護保険を基盤にすべきと提言された。

□3 「21世紀福祉ビジョン」（1994年）は，「年金」「医療」「福祉等」の給付費が当時，およそ6：3：1の割合であったのを，将来的には「年金」から「福祉等」へ資金を移す施策を講じておよそ5：3：2の割合とする必要があると提起した。

解答

1. × 公的年金受給者ではなく国家扶助の適用を受けている者／2. ○／3. × 5：4：1から5：3：2の割合にする必要があると提起した

15 ニーズの分類

ニーズ（ニード）

● ニーズ…情報や社会資源など必要不可欠なものを求めている状態
● ニーズは，「必要」あるいは「必要性」という意味がある

■ ブラッドショーの分類

①規範的ニード（ノーマティブ・ニード）
②感得されたニード（フェルト・ニード）
③表明されたニード（エクスプレスト・ニード）
④比較ニード（コンパラティブ・ニード）

■ 三浦文夫の分類

・依存的状態…一定の目標なり基準からみて乖離した状態にあるもの
・要援護性…依存的状態の中でも回復，改善等を行う必要があると社会的に認められたもの➡社会福祉の政策対象とした
・社会福祉は貨幣的ニードから非貨幣的ニードに移行すると提唱

🔑 関連キーワード ………………………………………………………

● 潜在的なニーズ…課題を抱える本人自身が気づいていない，本人や家族の抑圧などの理由により表出されていないニーズ。サービス供給体制の整備に伴い，潜在的な福祉ニードが顕在化することがある
● 需要…欲望に基づき何かを手に入れたいと欲している状態

■ ニーズと需要

	ニーズ	需要
根拠	道徳	欲望
基準	客観的な価値	主観的な欲求
性質	正・不正（善悪）	快・不快（利害）

すっきりnavi

■ ブラッドショーが分類したニーズの類型

類型	内容
規範的ニード （ノーマティブ・ニード）	社会規範に照らして行政機関，専門家，研究者などが判断するニーズ
感得されたニード （フェルト・ニード）	本人が充足の必要を自覚しているニーズ
表明されたニード （エクスプレスト・ニード）	本人が充足の必要を自覚し，その充足（サービスの利用など）を申し出たニーズ
比較ニード （コンパラティブ・ニード）	サービスを受けている人と受けていない人を比較して測定されるニーズ。両者が同一特性ならば，後者にニーズがある

■ そのほかのニーズの分類

類型	内容
貨幣的ニード	ニーズが経済的要件に定められ，貨幣的測定が可能であり，金銭給付で対応するニーズ
非貨幣的ニード	ニーズの貨幣的測定が困難で，非金銭的な対応（現物給付や対人サービスなど）を要するニーズ

☑ 理解度チェック

□**1** ブラッドショーのいう比較ニードは，クライエントによって体感的に自覚される。

□**2** ブラッドショーのいう規範的ニードとは，すでにサービスを受けている集団の特性を調べて，同じ特性を有しているのにサービスを受けていない人がいれば，その人にはニーズがあると認められるというものである。

□**3** サービス供給体制の整備に伴い，潜在的な福祉ニードが顕在化することがある。

解答

1. ✕ 記述は，感得されたニード／ 2. ✕ 記述は，比較ニード／ 3. ○

16 ジェンダー

ジェンダーとは

- 生物学的な性（セックス）の特性ではない
- 「社会的，文化的な性差」と訳される
- 社会の中でつくられる「男性性」「女性性」の概念

ジェンダー・ロール（社会的性役割）という

■ ジェンダーをめぐる主な概念

ダブル・スタンダード	「二重の基準」。行動規範や同じ行為に対する評価が，男女によって異なること
ジェンダー・トラック	女性の職業進出に関して，「男子は理系，女子は文系」というように，就業前の教育段階で，男女のコース分けがなされるなどの差別構造
シャドウ・ワーク	産業社会にとって必要不可欠であるが，賃金が支払われない労働。通勤なども含むが，家事労働が典型
ジェンダー・セグリゲーション	生活や職域など諸領域において，男女の分離がなされること
ジェンダー・エンパワーメント	ジェンダー格差の解消（特に女性の地位向上）のためになされるさまざまな支援

🔑 関連キーワード

- **第一波フェミニズム**…1960年代以前の女性運動で参政権など公的な制度面での平等化を中心に，女性が男性と同じ権利の獲得を目指した
- **LGBTQ**…レズビアン（Lesbian），ゲイ（Gay），バイセクシャル（Bisexual），トランスジェンダー（Transgender），クィアやクェスチョニング（Queer, Questioning）の各単語の頭文字を組み合わせた言葉で，性的少数者（セクシャルマイノリティ）を表す言葉の一つとして使われることがある

すっきりnavi

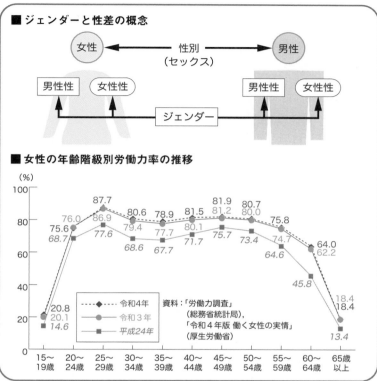

■ ジェンダーと性差の概念

女性 ←——— 性別 ———→ 男性
　　　　（セックス）

男性性　女性性　　　　　　　男性性　女性性

ジェンダー

■ 女性の年齢階級別労働力率の推移

(%)

資料：「労働力調査」（総務省統計局），「令和4年版 働く女性の実情」（厚生労働省）

- - - 令和4年
─●─ 令和3年
─■─ 平成24年

年齢	令和4年	令和3年	平成24年
15〜19歳	20.8	20.1	14.6
20〜24歳	76.0	75.6	68.7
25〜29歳	87.7	86.9	77.6
30〜34歳	80.6	79.4	68.6
35〜39歳	78.9	77.7	67.7
40〜44歳	81.5	80.1	71.7
45〜49歳	81.9	81.2	75.7
50〜54歳	80.7	80.0	73.4
55〜59歳	75.8	74.7	64.6
60〜64歳	64.0	62.2	45.8
65歳以上	18.4	18.4	13.4

☑ 理解度チェック

□1 ジェンダー・ロールとは，生物学的な性差に基づく男性・女性の生得的役割のことをいう。

□2 ジェンダー・トラックとは，男性・女性が仕事と家庭の両立を目指して，それぞれが働き方を見直すことをいう。

□3 ジェンダー・セグリゲーションとは，男女格差を積極的に解消するために，男性・女性を別の基準で評価することをいう。

解答

1．✕ 社会的・文化的な意味付けの男性性，女性性／2．✕ 就業前の教育段階で行う男女のコース分けなど／3．✕ 職域や生活空間などで男女間が分離されている状態

17 社会福祉調査

LINK ▶▶▶ 18, 19, 20

社会福祉調査とは

- 社会福祉に関するあらゆる事象や問題について考えるために，問題意識や目的を持ってデータを収集し，分析，検証する一連の過程
- 社会福祉調査は，量的調査と質的調査に大別される ▶ すっきりnavi

🔑 関連キーワード ･････････････････････････････････

- **統計法**…1947年に，統計の真実性の確保，統計調査の重複の除去，統計体系の整備，統計制度の改善発達を目的として制定。2007年には，公的統計の体系的かつ効率的な整備およびその有用性の確保を図るため，全面改正。この改正により，社会の情報基盤としての統計という点が強調されることとなった

- **統計委員会**…専門的かつ中立公正な調査審議を行うために総務省に設置

- **基幹統計**…国勢統計，国民経済計算および行政機関が作成する統計のうち，重要なもの。国勢統計と国民経済計算以外の基幹統計は，総務大臣が指定する。労働力統計，人口動態統計，国民生活基礎統計，学校基本統計など

- **センサス**…国勢の把握などを目的に，国が全数調査で実施する統計調査。日本における典型的な例は，国勢調査である

- **社会調査協会倫理規程**…一般社団法人社会調査協会が定める，社会福祉調査を行うに当たって，調査者が遵守すべき倫理規程

調査者は，調査対象者から求められた場合，調査データの提供先と使用目的を知らせなければなりません

社会福祉調査でもインフォームドコンセントが重要だね

すっきりnavi

■ 社会福祉調査の分類

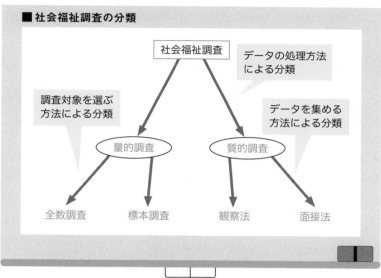

量的調査は62 〜 63ページ，
質的調査は64 〜 65ページを
参照しよう

☑ 理解度チェック

- □1 統計委員会は（　　　　）に設置されている。
- □2 国勢統計，国民経済計算および行政機関が作成する統計のうち，重要なもの
  を（　　　　）という。
- □3 センサスとは，企業の社会貢献活動を把握することを目的とした社会福祉調
  査である。
- □4 2007年の統計法改正の目的は，「行政のための統計」から「社会の情報基盤
  としての統計」へと転換させることである。

解答

1. 総務省／ 2. 基幹統計／ 3. ✕ 国勢の把握などを目的に，国が全数調査で実施す
る統計調査のこと／ 4. ○

18 量的調査

LINK ▶▶▶ 17, 19, 20

社会福祉調査における量的調査とは

- データを集めて統計的な方法で分析する調査方法
- 市町村の調査など母集団を特定しやすい対象に適している
- 調査対象となる母集団によって全数調査，標本調査に分けられる
- 調査の時間軸によって横断調査，縦断調査に分けられる
- 調査票への記入者によって自計式と他計式に分けられる
- 調査標本の抽出方法には，確率理論に基づかない有意抽出法と確率理論に基づく無作為抽出法（ランダム・サンプリング）がある

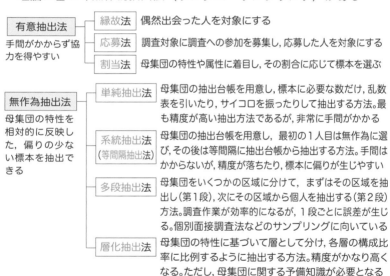

有意抽出法 手間がかからず協力を得やすい	縁故法	偶然出会った人を対象にする
	応募法	調査対象に調査への参加を募集し，応募した人を対象にする
	割当法	母集団の特性や属性に着目し，その割合に応じて標本を選ぶ

無作為抽出法 母集団の特性を相対的に反映した，偏りの少ない標本を抽出できる	単純抽出法	母集団の抽出台帳を用意し，標本に必要な数だけ，乱数表を引いたり，サイコロを振ったりして抽出する方法。最も精度が高い抽出方法であるが，非常に手間がかかる
	系統抽出法（等間隔抽出法）	母集団の抽出台帳を用意し，最初の1人目は無作為に選び，その後は等間隔に抽出台帳から抽出する方法。手間はかからないが，精度が落ちたり，標本に偏りが生じやすい
	多段抽出法	母集団をいくつかの区域に分けて，まずはその区域を抽出し（第1段），次にその区域から個人を抽出する（第2段）方法。調査作業が効率的になるが，1段ごとに誤差が生じる。個別面接調査法などのサンプリングに向いている
	層化抽出法	母集団の特性に基づいて層として分け，各層の構成比率に比例するように抽出する方法。精度がかなり高くなる。ただし，母集団に関する予備知識が必要となる

🔑 関連キーワード

- パネル調査…縦断調査のひとつ。固定した対象者に，反復して同一質問を行う調査。原因と結果が時間的に前後関係にある因果関係の検討に適した方法であるが，調査を重ねるごとに，対象者の死去などによって回答者が減っていくパネルの摩耗などの問題もある

すっきりnavi

■ 全数調査と標本調査

	対象	特徴
全数調査	母集団全体	○労力，費用，時間を要する ○実現困難な対象が多い ○誤記入等の非標本誤差が生じる
標本調査	母集団の一部	○標本抽出（サンプリング）が必要 ○標本抽出では標本誤差が生じる

■ 自計式調査と他計式調査

	調査名	方法	特徴
自計式調査	配票調査 （留置調査）	調査対象者が自分で記入	回収率が高い
			複雑な内容に向かない
	集合調査		出席率などにより調査対象が限定される
	郵送調査		広範で多数の調査対象に有効
			回収率が低い
他計式調査	個別面接調査	調査員が聞き取りを行って記入	時間・人件費がかかる
			詳細な調査が可能
	電話調査		簡便に調査できる
			調査時間・内容に制約がある

☑ 理解度チェック

□1 全数調査の場合，母集団から一部を取り出し，取り出した全員を対象に調査する。

□2 プライバシーに関する質問は，自計式の方が他計式よりも望ましい。

□3 今年，T市で標本抽出を行って市民意識調査を行い，来年再び同じT市で標本抽出を行って同じ内容の市民意識調査を行うならば，パネル調査といえる。

解答

1. × 母集団の一部を対象とする調査は標本調査である／ 2. ○／ 3. × パネル調査を行う場合，標本抽出を行うのではなく，第1回と同じ参加者を母集団とする

19 質的調査

LINK ▶▶▶ 17, 18, 20

社会福祉調査における質的調査とは

- データを集めて統計的に処理・分析することが困難な分野について行われる調査方法
- 母集団が特定できない場合や数値化できない対象に適している
- 調査者自らがデータを収集する方法（観察法，面接法）が中心
- 調査をする者とされる者の信頼関係（ラポール）がポイント
- オーバーラポール（調査者が対象者と過度に親密になり，客観性が失われること）に注意

■ 観察法の分類

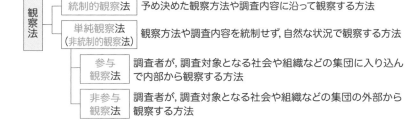

観察法	統制的観察法	予め決めた観察方法や調査内容に沿って観察する方法
	単純観察法（非統制的観察法）	観察方法や調査内容を統制せず，自然な状況で観察する方法
	参与観察法	調査者が，調査対象となる社会や組織などの集団に入り込んで内部から観察する方法
	非参与観察法	調査者が，調査対象となる社会や組織などの集団の外部から観察する方法

■ 面接法の分類

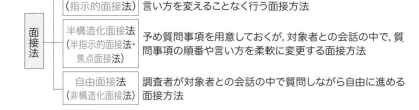

面接法	構造化面接法（指示的面接法）	予め用意した質問事項に厳密に沿って，質問事項の順番や言い方を変えることなく行う面接方法
	半構造化面接法（半指示的面接法・焦点面接法）	予め質問事項を用意しておくが，対象者との会話の中で，質問事項の順番や言い方を柔軟に変更する面接方法
	自由面接法（非構造化面接法）	調査者が対象者との会話の中で質問しながら自由に進める面接方法

すっきりnavi

■参与観察法と自由面接法のポイント

	メリット	デメリット
参与観察法	対象者の内部の情報が得られる	調査者に主観的な感情が生じやすい
自由面接法	信頼関係を築きやすく，対象者の深層部や内面を聞き取りやすい	余分な情報により，分析，一般化が難しい

🔑 関連キーワード

- **マジックミラー（ワンウェイミラー）**…観察室から面接室は見えるが，その逆は見えないようになっている鏡。調査対象に中立的な立場を保ちながら観察することができる
- **アクション・リサーチ**…調査を行う研究者と当事者が協働で行う実践的・応用的な調査で，当事者が，問題を解決するアクションを起こすための戦略を立てることを目的に行う調査。対象者への関与の程度が参与観察法より高くなる

> 調査中には，対象者を不快にするような言動をとらないよう，十分な注意が必要です

☑ 理解度チェック

- □**1** 半構造化面接では質問項目を事前に用意し，いつ，どの順番で質問を行うかを面接中に調査者が判断する。
- □**2** 構造化面接では，事前に準備をせず，調査対象者が自由に語りやすいように調査を進める。
- □**3** アクション・リサーチは研究対象について，非参与的に観察し，研究を行うものである。

解答

1. ○／ 2. ✕ 記述は，非構造化面接である／ 3. ✕ アクション・リサーチでは，研究者は対象者と積極的に協働するため，参与度合はかなり高い

20 測定と尺度

LINK ▶▶▶ 17, 18, 19

社会福祉調査における測定と尺度

● 測定…調べたい対象に，ある一定の数値を与えていくこと
● 尺度…測定における数値の与え方のこと ▶すっきりnavi

変数とは

● さまざまな概念を分類できるように操作したもの。調査票を作成・測定するためには，質問内容を変数にする必要がある
● 従属変数（結果となったり，影響を受けたりする変数）と独立変数（従属変数に対して影響を及ぼす原因や要因となる変数）に分けられる

調査票作成におけるワーディングの留意点

● 用語の定義の明確化
● 専門用語，略語，ダブルバーレル（一度に複数の質問），ステレオタイプ語（固定化されたイメージ）は避ける
● キャリーオーバー効果（前の質問が後の回答に影響する）に注意
● パーソナルな質問とインパーソナルな質問の区別
● 多項選択法と自由回答法の区別
● 威光暗示効果（世間や権威に惑わされ回答を歪める）は避ける
● イエス・テンデンシー（黙従傾向）に注意

🔑 関連キーワード ・・・・・・・・・・・・・・・・・・・・・・・・・・・・・・・・・・

● **信頼性**…ある尺度を用いて特定の対象を測定した場合，同じ結果が一貫して得られるかどうかを示すもの
● **妥当性**…測定したいことが，ある尺度で適切に測定できているかどうかを示すもの
● **エディティング**…調査表をデータ入力する前に，記入漏れや記入ミスなどがないか一票ずつ確認し，有効票を確定する作業
● **コーディング**…得られた回答をデータ入力できるよう数字や記号に置換する作業

すっきりnavi

■尺度の種類

	名称	意味	例
カテゴリカルデータ	名義尺度	対象を識別するためだけに用いる名目上の尺度	性別で,「男性＝1，女性＝2」というコードの与え方。スポーツ選手の背番号も名義尺度
	順序尺度	ある対象を識別するときに，数字が順序を示しているもの。ただし，順序尺度で示されるのは，まさしく順序のみで，量的な差は示されない	好きなサッカーチームに順位をつけてもらう場合など
数値データ	間隔尺度	数値が等間隔に並んでおり，それぞれの数値の差には量的意味が含まれる。足し算，引き算の対象となるが，2が1の何倍といった意味は含まれない	偏差値，温度など。0（ゼロ）点は「何もない」という意味をもたない
	比例尺度	絶対原点（ゼロ）を持ち，100kgは50kgの2倍というように，掛け算・割り算の対象となるようなもの	身長，体重，時間など

名義尺度と順序尺度では量的意味が含まれず，
間隔尺度と比例尺度では含まれるという点から，
上の表のように分けられるよ

☑ 理解度チェック

□**1**「たばこは健康に悪いから吸うべきではない，という意見にあなたは賛成ですか，反対ですか」という質問は，ダブルバーレルな質問ではない。

□**2** 中央値を算出できるのは，順序尺度と間隔尺度の2つだけである。

□**3** 信頼性が高ければ，測定したい事柄を適切に測定できるといってよい。

解答

1. ✕ 典型的なダブルバーレルの質問／ 2. ✕ 比例尺度でも中央値を求めることができる／ 3. ✕ 妥当性が高ければよい

何度も過去問にトライ

1日24時間。時間だけは人類平等です。
肝心なのは，その使い方！
社会福祉士国家試験の合格者は，「直前期は，とにかく多くの問題を解いた」と口をそろえます。
本書の「理解度チェック」は，過去の国家試験やそのアレンジ問題です。丸暗記するくらい，何度もトライしましょう。

■ 試験直前期のポイント

試験 1 ～ 2 か月前

・無理のないペースでスケジュールを組む
・朝型に変えるなど，生活リズムを整える
・本書で知識を整理し，姉妹書『一問一答＆要点まとめ』を繰り返し解く。時間配分を意識して

試験 1 週間前

・弱点克服を意識した学習を！
・苦手科目の重要項目を総チェック
・過去問で間違えた問題の復習
・身体的コンディションを整える
・本番の準備は前日までに

試験当日

反復学習が合格のカギだね

本書を有効活用しよう！

■■■
第2章

総合的かつ包括的な
ソーシャルワークの理念と
方法に関する知識と技術

21 社会福祉士及び介護福祉士法

社会福祉士及び介護福祉士法について

1987 (昭和62) 年社会福祉士及び介護福祉士法制定
社会福祉士・介護福祉士の資格，業務範囲を規定

⬇ 福祉・介護のニーズが高度化

2007 (平成19) 年改正
社会福祉士について，福祉サービス提供者または医師等の保健医療サービス提供者やその他関係者との連絡調整等を行う者と規定

🔑 関連キーワード ··

- **精神保健福祉士**…医療施設等において精神障害者に対する助言，指導，訓練等を通じてその社会復帰促進を図る専門職
- **精神保健福祉士法**…1997 (平成9) 年成立。精神保健福祉士の資格要件等を定めた法律

社会福祉士，介護福祉士，精神保健福祉士には，守秘義務が課せられていて，業務を離れたあとも継続されます

☑ 理解度チェック

- □1 社会福祉士の義務として，クライエントに関する秘密保持の義務は，社会福祉士でなくなった後においては適用されない。
- □2 社会福祉士及び介護福祉士法では，社会福祉士に対し，社会福祉士の信用を傷つけるような行為を禁じている。

解答

1. ✕ 社会福祉士でなくなった後も秘密保持義務が適用される／ 2. ○

すっきり navi

■ 社会福祉士及び介護福祉士法と精神保健福祉士法

	社会福祉士及び介護福祉士法	精神保健福祉士法
定義	**社会福祉士** 専門的知識・技術をもって福祉に関する相談に応じ，助言，指導，福祉サービスを提供する者・医師・保健医療サービスを提供する者・その他の関係者との連絡・調整その他の援助を行うことを業とする者 **介護福祉士** 専門的知識・技術をもって日常生活を営むのに支障がある者につき心身の状況に応じた介護を行い，介護に関する指導を行うことを業とする者 （介護福祉士は喀痰吸引等を業とすることが定められ，2017（平成29）年1月の国家試験合格者から行うこととなった。それ以前の者は，研修を受け登録することで行うことができる）	**精神保健福祉士** 精神障害者の保健・福祉に関する専門的知識・技術をもって，精神科病院または施設を利用している者の地域相談支援の利用や社会復帰に関する相談に応じ，助言，指導，日常生活への適応のために必要な訓練その他の援助を行うことを業とする者
誠実義務	その担当する者が個人の尊厳を保持し，自立した日常生活を営むことができるよう，誠実にその業務を行わなければならない	
連携保持義務	**社会福祉士** 福祉サービスおよびこれに関連する保健医療サービス等が総合的かつ適切に提供されるよう，地域に即した創意と工夫を行いつつ，福祉サービス関係者等との連携を保たなければならない **介護福祉士** 認知症等の心身の状況に応じて，福祉サービス等が総合的かつ適切に提供されるよう，福祉サービス関係者等との連携を保たなければならない	**精神保健福祉士** ○保健医療・障害福祉・地域相談支援に関するサービスが密接な連携のもとで総合的かつ適切に提供されるよう，連携を保たなければならない ○精神障害者に主治の医師があるときは，その指導を受けなければならない
資質向上の責務	社会福祉・介護を取り巻く環境の変化による業務の内容の変化に適応するため，相談援助または介護等に関する知識・技能の向上に努めなければならない	精神保健・精神障害者の福祉を取り巻く環境の変化による業務の内容の変化に適応するため，相談援助に関する知識・技能の向上に努めなければならない

22 ソーシャルワークの起源

LINK ▶▶▶ 66

慈善組織協会 (COS) について

- 1869年ロンドンで設立された団体
- 民間の慈善事業を組織化する活動を展開
- 積極的に対象者を訪問 (友愛訪問)。アウトリーチの起源
- ケースワークの先駆的活動

セツルメント運動について

- 19世紀後半にデニスンが始めた運動
- 貧民に自立を促す活動を展開
- 知識人がスラム街に住み込んで労働者等を教育。博愛主義
- デニスンの遺志を継いだバーネットが, ロンドンにトインビー・ホール (世界初のセツルメントハウス) を創設 (1884年)

YMCA, YWCAについて

- YMCA (キリスト教青年会), YWCA (キリスト教女子青年会) は, いずれも19世紀半ばにイギリスで始まった活動
- 聖書の研究をはじめ, 地域におけるボランティア活動を展開し, 後に世界各国でグループワークに発展

🔑 関連キーワード ………………………………………………

- **ネイバーフッド・ギルド**…コイトがニューヨーク州に設立したアメリカ初のセツルメントハウス (1886年)
- **ハル・ハウス**…J.アダムスがシカゴに設立したセツルメントハウス (1889年)
- **リッチモンド**…慈善組織化運動を通じてケースワークの体系化に貢献し, "ケースワークの母"といわれる。主な著作は『社会診断』『ソーシャル・ケースワークとは何か』
- **ミルフォード会議**…1929年の報告書において, 初めてジェネリックという概念を示し, ソーシャルワークの統合化への先駆けとなる

すっきりnavi

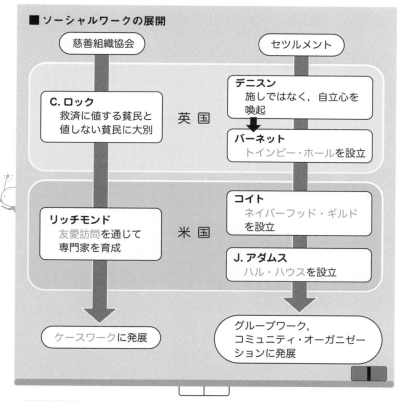

■ ソーシャルワークの展開

慈善組織協会　　　　　　　　　　セツルメント

C. ロック
救済に値する貧民と
値しない貧民に大別

デニスン
施しではなく，自立心を
喚起

↓

バーネット
トインビー・ホールを設立

英国

リッチモンド
友愛訪問を通じて
専門家を育成

コイト
ネイバーフッド・ギルド
を設立

J. アダムス
ハル・ハウスを設立

米国

ケースワークに発展

グループワーク，
コミュニティ・オーガニゼー
ションに発展

☑ 理解度チェック

□**1** 慈善組織協会（COS）は，友愛訪問員の広い知識と社会的訓練によって友愛訪問活動の科学化を追求した。

□**2** セツルメント運動は，大学生たちが貧困地区に住み込むことによって展開され，貧困からの脱出に向けて，勤勉と節制を重視する道徳主義を理念とした。

□**3** 1886年，世界初のセツルメントハウスであるネイバーフッド・ギルドがニューヨーク州において設立された。

解答

1. ○／ 2. × 道徳主義ではなく博愛主義／ 3. × 世界初はロンドンのトインビー・ホール。ネイバーフッド・ギルドはアメリカ初

23 アドボカシー

アドボカシーとは

- 利用者の権利を代弁する活動のことで,「権利擁護」と訳される
- 利用者の利益と権利を最大限擁護する

■ アドボカシーの種類

ケースアドボカシー (パーソナルアドボカシー)	利用者やその家族を対象にしたアドボカシー
クラスアドボカシー (システムアドボカシー)	利用者集団や地域を対象にしたアドボカシー
セルフアドボカシー	権利擁護の活動を当事者自ら行う
ピアアドボカシー	同じ問題を持つ人が集まり,互いのニーズを代弁する
コーズアドボカシー	集団のニーズのために法制度の改革や社会資源の開発を目指して行う

サービス提供者と利用者の意向が対立した場合は,利用者の立場を優先します

🔑 関連キーワード ・・・・・・・・・・・・・・・・・・・・・・・・・・・・・・・・

- ペイシェントアドボカシー…患者の権利を擁護するために,病院に対して代弁したり,患者自身が解決できるように援助すること
- シチズンアドボカシー…当事者を含む市民の自発的な行為によって,不利益を被りやすい人たちを擁護すること
- ソーシャルアクション…宣伝活動による世論の喚起や,集会,署名によって国や地方自治体,企業,民間団体に働きかける方法

すっきりnavi

■アドボカシーの類型

	個人	集団
援助者によるアドボカシー	ケースアドボカシー	クラスアドボカシー コーズアドボカシー
当事者によるアドボカシー	セルフアドボカシー	ピアアドボカシー

クラスアドボカシーとコーズアドボカシーは厳密には異なるけど，たいていは同じ使われ方をすることが多いよ

☑ 理解度チェック

□1 アドボカシーとは，利用者が自分の要求を表明できない場合に，援助者がそれを代弁する機能のことである。

□2 アドボカシーとは，援助者個人の関心に基づき，特定の人たちの権利を維持・向上するために，政策や法律の変革を求める働きかけのことである。

□3 ケースアドボカシーとは，クライエントと同じ状況に置かれている人たちの権利を守るために，新しい資源を開発しようとすることである。

□4 コーズアドボカシーとは，クライエントがソーシャルワーカーの支援を受け，ニーズ充足を求めて行動し，自らの権利を擁護していくことである。

□5 社会資源の開発の方法として，ソーシャルアクションは不適切である。

解答

1. ○／ 2. × 援助者の関心に基づくのではなく利用者の権利の維持・向上を目的とする／ 3. × 記述は，コーズアドボカシー／ 4. × 記述は，セルフアドボカシー／ 5. × 社会資源の開発の方法として適切である

24 ソーシャルワーク専門職のグローバル定義

ソーシャルワーク専門職のグローバル定義

● 「ソーシャルワーク専門職のグローバル定義」とは，2014年7月の国際ソーシャルワーカー連盟（IFSW）と国際ソーシャルワーク学校連盟（IASSW）の総会・合同会議で採択された

● 2015年2月，日本語訳，日本語定義が決定した

■ ソーシャルワーク専門職のグローバル定義

> ソーシャルワークは，社会変革と社会開発，社会的結束，および人々のエンパワメントと解放を促進する，実践に基づいた専門職であり学問である。社会正義，人権，集団的責任，および多様性尊重の諸原理は，ソーシャルワークの中核をなす。ソーシャルワークの理論，社会科学，人文学，および地域・民族固有の知を基盤として，ソーシャルワークは，生活課題に取り組みウェルビーイングを高めるよう，人々やさまざまな構造に働きかける

ソーシャルワーク専門職のグローバル定義の特徴

● ソーシャルワークは，先住民を含めた地域・民族固有の知にも拠っていることを認識しているとしている

● ソーシャルワークは，できる限り，「人々とともに」働くという考え方をとると明記されている

● ソーシャルワークは，複数の学問分野をまたぎ，その境界を超えていくものであるとしている

● 大原則を，人間の内在的価値と尊厳の尊重，危害を加えないこと，多様性の尊重，人権と社会正義の支持であるとしている

● 「ソーシャルワークの定義」（2000年）と異なり，2014年の定義は，各国及び世界の各地域で展開することが容認された

● 旧定義にあった「人間関係における問題解決を図り」という文言が削除され，2014年の定義には新たに「社会開発・社会的結束の促進」という機能が追加された

すっきりnavi

■ ソーシャルワーク専門職のグローバル定義の概念

〈中核となる4原理〉
- 社会正義
- 人権
- 集団的責任
- 多様性の尊重

〈中核となる4任務〉
- 社会変革の促進
- 社会開発の促進
- 社会的結束の促進
- 人々のエンパワメントと解放

ソーシャルワーク専門職のグローバル定義は，第34回試験で出題されなかったものの，それ以前は連続して試験に出題されています。第35，36回試験でも出題されました

☑ 理解度チェック

□1 2014年の「ソーシャルワーク専門職のグローバル定義」は，これまで過小評価されてきた地域・民族固有の知を認めるものとなっている。

□2 2014年の「ソーシャルワーク専門職のグローバル定義」の中核となる原理の一つに画一性の尊重がある。

□3 ソーシャルワークは，できる限り，「人々のために」ではなく，「人々とともに」働くという考え方をとる。

解答

1. ○／ 2. × 中核となる原理の一つに，多様性の尊重がある／ 3. ○

25 ソーシャルワークの過程

ソーシャルワークの過程

- インテークから始まり，フォローアップ・アフターケアまでが援助の一連の過程▶すっきりnavi
- 初期は信頼関係を築きながら情報を収集し，利用者の意思を尊重しつつ計画を立て，介入し，最後は問題解決に至ることを目標とする

🔑 関連キーワード ・・・・・・・・・・・・・・・・・・・・・・・・・・・・・・・・・

- **アウトリーチ**…援助が必要であるにもかかわらず，自ら援助を求めない相手（**インボランタリー**）などに対して，援助者のほうから積極的に出向く援助方法
- **生活場面面接（ライフスペースインタビュー）**…利用者の居室や自宅で行う面接
- **アカウンタビリティ**…説明責任。援助者は，援助の内容や機関の役割について説明しなければならない

☑ 理解度チェック

- □**1** ソーシャルワークの過程におけるインテーク面接では，クライエントが解決したいと望んでいる課題について確認する。
- □**2** アセスメントでは，精神面，身体面の把握のみならず，住環境，家族関係，経済状況，援助の状況など幅広い生活障害全般の把握を行う。
- □**3** プランニングでは，最も理想的な対策を立てることが求められる。
- □**4** インターベンションとは，プランニングで設定した課題の達成状況について継続的見直しを行い，必要ならば新たなアセスメントにつなげることである。
- □**5** モニタリングとは，サービス利用を申し込んできた人が，そのサービスの対象となりうるかどうかの条件について検討する過程である。

解答

1. ○／ 2. ○／ 3. ✕ 理想的ではなく利用者の希望に添いつつ現実的な対策を立てる／ 4. ✕ 記述は，モニタリング／ 5. ✕ 記述は，インテークにおけるスクリーニングである

すっきりnavi

■ソーシャルワークの過程

インテーク（受理面接）
- ○援助の最初に行われる面接
- ○誰を対象に援助するのか，問題は何か 明確化（スクリーニング）する
- ○傾聴や受容で ラポール を形成する

アセスメント（事前評価）
- ○利用者や家族から情報を収集する
- ○収集した情報から問題の要因を見つけ，解決の方向を見いだす
- ○援助目標（ゴール）を決める

プランニング（援助計画）
- ○現実的で具体的な援助計画を立てる
- ○計画に必要な社会資源をあげる

インターベンション（介入）
- ○計画を実行に移す
- ○直接…利用者への心理的な働きかけ
- ○間接…利用者を取り巻く環境への働きかけ

モニタリング（中間評価）
- ○援助が効果をあげているか評価する
- ○新たな問題が発生している場合には 再アセスメント を行う

エヴァリュエーション（事後評価）
- ○援助を終結するかどうか評価する
- ○数回のモニタリングの後に行う

ターミネーション（終結）
- ○援助を終結する
- ○利用者と援助者で問題が解決済みであることを確認する

フォローアップ（追跡調査）アフターケア（事後ケア）
- ○援助終結後に行われる確認
- ○必要な場合は利用者の意思を確認したうえで援助を展開する

再アセスメント

26 集団援助技術

集団援助技術（グループワーク）とは

● プログラム活動を通じて，メンバーの成長やグループの発達を促す
● 人が集まると生じるグループダイナミックスを利用して援助を行う
　▶関連キーワード

■ おもな集団援助技術の原則

個別化の原則	○グループ内の個別化…グループ内のメンバーそれぞれの独自性を重視して援助する ○グループの個別化…似ているグループでもそれぞれ違う部分があることを把握して援助する
受容の原則	援助者はメンバーに対して受容的な態度を示す
参加の原則	グループの活動にメンバーの主体的な参加を促す
葛藤解決の原則	グループ内の葛藤をメンバー自らが解決できるように導く
経験の原則	メンバーが経験を積むことで成長する
制限の原則	悪影響のあるメンバーの言動には制限をする
継続評価の原則	援助者はグループ活動を継続的に分析・評価する

🔑 関連キーワード ･･････････････････････････････････････

● **グループダイナミックス**…集団力学。集団に生じるメンバー間の交流や衝突による相互作用のこと。またはそれを対象とした学問
● **アイスブレーキング**…メンバーの緊張をほぐすゲームや自己紹介
● **波長合わせ**…グループ参加の前に，援助者がメンバーの不安を受け止め対処すること
● **われわれ意識**…グループへの連帯感が生じて，メンバーを「われわれ」と呼ぶようになること

すっきりnavi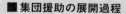

■集団援助の展開過程

準備期	グループの形成前に，援助者がメンバーと接触する段階。波長合わせを行う

▼

開始期	メンバーが集合してグループの活動を行う段階。アイスブレーキングを行う

▼

作業期	メンバーがプログラム活動を通じて自分たちの課題に取り組む段階。グループが成長する中で，われわれ意識が生じるが，孤立などの問題も発生する

▼

終結期	グループ活動を終結する段階

作業期には，リーダーシップを持つメンバーが現れたり，サブグループが生じる場合があります。これらは必ずしも悪いこととは限らないので，援助者は様子を見ながら介入します

☑ 理解度チェック

□1 グループワークの終結期では，メンバーがグループ体験を振り返り，感情を分かち合えるように援助する。

□2 コノプカによるグループワークの原則のうち，「参加の原則」とは，グループワーカーが積極的にプログラムに参加することで，メンバーの問題をワーカーが解決していくことである。

□3 グループワークでは，メンバー自身やグループ内の葛藤は，回避することが必要である。

□4 グループワークの展開過程において，作業期には，波長合わせがなされる。

解答

1. ○／ 2. × メンバーの主体的な参加を促す原則である／ 3. × メンバー自らが主体的に葛藤を解決できるように導く／ 4. × 波長合わせは，準備期になされる

27 ケアマネジメント

LINK ▶▶▶ 50

ケアマネジメント

- 援助者がさまざまな社会資源を組み合わせて援助計画を立てる技術
- 社会福祉サービスや施設のうち，必要なサービスを必要なだけ受けられるようにする
- サービスに利用者を合わせるのではなく，利用者のニーズを優先してケアプランを立てる

ケア会議（ケアカンファレンス）

- 援助にかかわる人々が集まる会議。利用者本人や家族も参加する
- 情報を共有し，役割分担や援助目標を見直す
- リーダーは社会福祉士と決めず，各専門職が対等に発言していく

🔑 関連キーワード ・・・・・・・・・・・・・・・・・・・・・・・・・・・・・・・・・

- **社会資源**…ニーズや問題解決に活用される人・施設・物質などすべて

フォーマルな社会資源	行政や社会福祉施設など
インフォーマルな社会資源	家族や隣人，ボランティアなど

- **ネットワーク**…援助を必要としている人のニーズを満たすため，サービスを提供している機関や近隣住民を結び付けたもの

☑ 理解度チェック

□**1** ケアマネジメントにおいては，幅広い生活課題に対応するため，身体面，精神面だけでなく，住環境や家族関係など多面的にアセスメントを行う。

□**2** 社会資源の活用に際しては，インフォーマルな社会資源の活用を優先する。

解答

1. ○／2. ✕ インフォーマルな社会資源，フォーマルな社会資源のどちらかの活用を優先させなければならないわけではない

すっきりnavi

■ケアマネジメントの展開過程

インテーク（受理面接）

利用者からニーズを聞き取り，ケアマネジメントの過程や援助の内容を説明し，そのうえで了解を得られれば契約をする

アセスメント（事前評価，課題分析）

客観的な情報の分析を行い，利用者のニーズを明らかにする。援助の優先順位や問題の解決方法を判定する

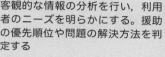
再アセスメント

プランニング（ケアプランの作成）

アセスメントの結果に基づき，ケアプランの原案を作成する

サービスの実施

モニタリング（中間評価）

計画の実施状況や，新しいニーズが生じていないかなどを把握し，確認する

新たな課題や，ニーズとの不適合が生じている場合など

エヴァリュエーション（事後評価）

ケアマネジメントが適切に実施されているかを評価する

ターミネーション（終結）

当面サービス利用の必要がないと分かれば，利用者の意思を確認し，チームの各サービス担当者の参加を得て，終結（サービス利用の終了）を決定する

フォローアップ（追跡調査）
アフターケア（事後ケア）

援助が終了した一定期間後に，利用者がどのような状態であるのか確認することをフォローアップという。必要な場合は，利用者の意思を確認したうえで援助を展開するのがアフターケアである

28 面接技法

コミュニケーションの技法について

● 非言語的コミュニケーション（ノンバーバルコミュニケーション）…アイコンタクト，姿勢・身振り・表情・声の調子などに注意を払う，利用者に関心を持ってかかわる

● 言語的コミュニケーション（バーバルコミュニケーション）…励まし，開かれた質問（オープンクエスチョン），閉じられた質問（クローズドクエスチョン），言い換え，要約，感情の反映，明確化，対決，リフレーミングなど▶すっきりnavi

🔑 関連キーワード ‥‥‥‥‥‥‥‥‥‥‥‥‥‥‥‥‥‥‥‥‥‥‥‥

● 転移…利用者が親などに抱いた無意識の感情を援助者に向けること

● 逆転移…援助者が利用者に転移の感情を抱くこと

● 自己覚知…援助者が自分の感情を客観的に理解すること。援助者だけでなく，利用者も自己覚知が必要

面接のときには傾聴・受容・共感の姿勢が大事です

☑ 理解度チェック

□1 閉じられた質問は，クライエントが自分の考えや気持ちを表現できるように促すために用いる。

□2 面接では言い換えによって，クライエントの話す内容や感情を別の言葉で表現し，気づきを促す。

解答

1. ✕「閉じられた質問」は，「はい」「いいえ」で答えられる質問。記述の場合は「開かれた質問」が適している／2. ○

すっきりnavi

■ 言語的コミュニケーションによる技法

励まし		利用者の話にうなずいたり相づちを打って話を聴いている姿勢を伝え、「それから」と促し利用者が話しやすいように援助する技法
質問の方法	閉じられた質問（クローズドクエスチョン）	「はい」「いいえ」の一言で答えられるような質問
	開かれた質問（オープンクエスチョン）	利用者に回答の幅が委ねられ、答えに多くのことが語れるような質問
言い換え		利用者の話した内容を、援助者の言葉で言い換えて返す技法
要約		面接の最後などに話の要点を利用者に伝え返す技法
感情の反映		利用者の感情を言葉にして返す技法。「つらかったでしょうね」など
明確化		利用者の話がはっきりしない場合に、より詳しく表現するように促す技法
対決		利用者の話の矛盾点に焦点を当てて、利用者が認識していない葛藤などを気付かせる技法
リフレーミング		否定的な見方を肯定的な見方に変える技法。「他人の意見を受け入れない」というのに対して「意志がしっかりしていますね」など

利用者は不安や緊張でうまく言葉にできないときもあるので、非言語的コミュニケーションと、言語的コミュニケーションから得られた情報とを合わせて、利用者の感情を明確にすることが必要だよ

29 スーパービジョン

スーパービジョンとは

● 援助活動において，熟練した援助者（スーパーバイザー）が，経験の浅い援助者（スーパーバイジー）に対して，専門的能力を最大限発揮し，よりよい実践ができるように責任をもって援助すること

■ スーパービジョンの3機能

管理的機能	個々のスーパーバイジーが，職務内容を正しく理解し，業務を遂行しているかの評価を行う
教育的機能	面接の方法や記録のとり方など，理論を実践に生かす技術を提供する
支持的機能	スーパーバイザーがスーパーバイジーの話を受容的な態度で傾聴することで，心理的に支え，援助者として成長させる

■ スーパービジョンの種類

個別スーパービジョン	スーパーバイザーとスーパーバイジーの1対1の面接方式で行われる
グループスーパービジョン	スーパーバイザーが，ケース会議や事例研究会，研修会といったグループを活用して行う
ライブスーパービジョン	スーパーバイザーとスーパーバイジーが実際のケースにかかわるもの。現場で理論だけではない実践的な指導を受けることができる
ピアスーパービジョン	援助に携わっているソーシャルワーカー同士など（ピア）で，互いに共通課題の検討などを行うもの

🔑 関連キーワード ･･････････････････････････････････････

● コンサルテーション…援助の過程で専門的な助言が必要となった場合に，専門家（コンサルタント）の意見を求めること

すっきりnavi

■ スーパービジョンとコンサルテーションの比較

	機能	関係性
スーパービジョン	管理的機能，教育的機能，支持的機能	スーパーバイザーとスーパーバイジーは援助関係
コンサルテーション	教育的機能，支持的機能	援助者とコンサルタントは任意で対等な関係

コンサルテーションには，管理的機能がないんだね

☑ 理解度チェック

□**1** スーパーバイザーが部下であるスーパーバイジーに対してスーパービジョンを行う場合には，管理上の責任を負う。

□**2** スーパービジョンの契約は，スーパービジョンの展開過程の終結段階で行われる。

□**3** スーパービジョンの機能のうち，バーンアウト防止に効果があるのは支持的機能である。

□**4** スーパービジョンの機能のうち，共感的な理解や受容を通して，ソーシャルワーカーを精神的に支える機能は管理的機能である。

□**5** スーパービジョンにおける管理的機能では，スーパーバイジーの業務遂行の適切さを確認する。

□**6** ライブスーパービジョンは，スーパーバイザーを置かずに，スーパーバイジーが集団で行う。

解答

1. ○／ 2. ✕ スーパービジョンの実施前に行われる／ 3. ○／ 4. ✕ 記述は，スーパービジョンの支持的機能である／ 5. ○／ 6. ✕ ライブスーパービジョンは，スーパーバイザーとスーパーバイジーが実際のケースにかかわるもの。記述は，ピアスーパービジョンである

30 評価と効果測定

社会福祉法における評価

● 社会福祉事業者が提供する福祉サービスについて行う評価

自己評価	事業者が自ら行うもの。事業者に義務付けられている
第三者評価	事業者や利用者以外の第三者機関が，専門的に行う評価

効果測定の方法

単一事例実験計画法（シングル・システム・デザイン）	援助開始前と開始後の違いを比較する方法。個々のケースでどれだけ援助の効果があったかを測定する。対象者は1名から可能。ABデザインやABAデザインなどがある
集団比較実験計画法（統制群実験計画法）	似た集団を2つに分け，援助を行った集団と行わない集団の間で比較する
グランプリ調査	似た集団を2つに分け，aの援助を行った集団とbの援助を行った集団の間で比較する
メタ・アナリシス	多数の調査結果を分析する。一般論を導くのに有効
事例研究法	さまざまな分野の人々が事例検討に参加し，多角的な視点から議論を重ねる方法。質的側面での効果測定法

☑ 理解度チェック

□1 うつ状態の利用者に対して，援助者が生活状態の改善を目指して援助を始めることとなった。援助の効果を判断するために，標準化されたスケールを用いて，援助開始前と援助中の効果を定期的に測定する。この効果測定の方法は，メタ・アナリシスである。

□2 集団比較実験計画法は，複数の異なる援助方法の効果の差を検証する際に有効な調査方法である。

□3 ソーシャルワークの効果測定における集団比較実験計画法は，同じ問題を抱える人の中から介入した群と介入しなかった群に分けて評価を行う。

解答

1．✕ 単一事例実験計画法である／2．✕ 記述は，グランプリ調査である／3．○

すっきりnavi

■単一事例実験計画法のデザイン

・ABデザイン

介入前のベースラインをA，介入後をBとしてAとBを比較する。
AとBの違いが介入以外のものによる影響なのか分かりにくい

援助開始

・ABAデザイン（AB反転デザイン）

ABデザインの介入の後に，再びベースラインの状態に戻す方法。
問題がもとに戻っていれば，介入による影響であると分かる。
しかし利用者の問題をもとに戻すのは倫理的に正しくない

援助開始　　　援助中断

・ABABデザイン

ABAデザインの後に，再び介入する方法。ABAデザインの欠点を補える

援助開始　　　援助中断　　　援助再開

■集団比較実験計画法とは

援助を行う集団と行わない集団に分け，結果の差を比較する

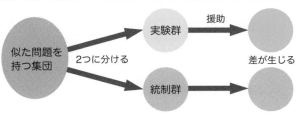

似た問題を持つ集団　　　2つに分ける　　　実験群　　　援助　　　差が生じる　　　統制群

時事ネタは試験問題の宝庫!!

毎年のように聞かれる受験生の感想に,「もっと新聞を読んでおけばよかった…」というものがあります。社会福祉士国家試験では,新聞やテレビで報道された'時事ネタ'も問われています。

最新の第36回試験では,「第16回出生動向基本調査結果の概要（2022年）」,「外国人との共生社会の実現に向けたロードマップ（2022年6月14日策定）」,「令和2（2020）年度国民医療費の概況」など,近年に発表されたものが複数問にわたって出題されています。そのため,次回試験に向けては,児童福祉法の改正や介護報酬の改訂などについて出題されることが予想されます。さらに,次回の第37回試験は,新カリキュラムに変更になるので,新しい情報を常日頃から取り入れ,試験学習に役立てていくと,得点力アップにつながります。法律の改廃などの報道にも注目しておきましょう!!

新聞では,社会福祉士国家試験に関連するニュースが医療・福祉分野だけでなく,政治や地域の分野に掲載されていることもあります。まんべんなく読みましょう。

購読していなくても,新聞記事はインターネットや図書館で読むことができるね！

地域福祉の基盤整備と
開発に関する知識と技術

31 社会福祉基礎構造改革

改革の経緯

● 1998年…「社会福祉基礎構造改革について（中間まとめ）」
　　　　　➡中央社会福祉審議会社会福祉構造改革分科会が発表
● 1999年…「社会福祉基礎構造改革について（社会福祉事業法等改正
　　　　　法案大綱骨子）」➡厚生省（現：厚生労働省）が公表
● 2000年…「社会福祉の増進のための社会福祉事業法等の一部を改正
　　　　　する等の法律」が制定（社会福祉事業法の改正）

⬇

社会福祉事業法から社会福祉法に改称・改正

改革の必要性

● 少子・高齢化，家庭機能の変化，低成長経済への移行
● 社会福祉に対する国民の意識の変化　など

改革の理念

● 国民が自らの生活を自らの責任で営むことが基本
● 自らの努力だけでは自立生活
　を維持できない場合　　　➡　社会連帯の考えに立った支援
● 家庭や地域の中で，その人らしい自立した生活が送れるよう支える

関連キーワード ……………………………………………

■ 措置制度と利用制度

措置制度	行政が行政処分によりサービス内容を決定 対象事業：保護施設，養護老人ホーム，児童養護施設など
利用制度	①自立支援給付方式　対象事業：介護給付，訓練等給付，自立支援医療など ②事業費補助方式　対象事業：児童厚生施設，放課後児童健全育成事業など ③行政との契約方式　対象事業：保育所，助産施設など ④介護保険方式　対象事業：特別養護老人ホーム，老人居宅介護等事業など

すっきりnavi

■ **改革のポイント**

改革の基本的方向	改革の対象となった法律
①対等な関係の確立 ②地域での総合的な支援 ③多様な主体の参入促進 ④質と効率性の向上 ⑤透明性の確保 ⑥公平かつ公正な負担 ⑦福祉の文化の創造	・社会福祉事業法 ・身体障害者福祉法 ・知的障害者福祉法 ・児童福祉法 ・民生委員法 ・社会福祉施設職員等退職手当共済法 ・生活保護法 ・公益質屋法（2000年に廃止）

■ **社会福祉事業法の改正ポイント**

社会福祉法
- 措置制度から利用制度へ
- 福祉サービス利用援助事業の創設
- 苦情解決制度の導入
- 地域福祉の推進(地域福祉計画の策定)
- 社会福祉法人設立・運営の見直し

☑ 理解度チェック

□**1** 2000年の社会福祉基礎構造改革の際に，社会福祉事業法の名称が改められた。

□**2** 措置制度のもとでは，福祉サービスの利用者と措置権者の間での契約に基づいてサービスが提供される。

□**3** 社会福祉事業の経営者は，社会福祉法の規定により，苦情の適切な解決に努めることとされている。

解答

1. ○／ 2. ✕ 契約ではなく，行政処分を行う／ 3. ○

32 社会福祉事業

LINK ▶▶▶85

社会福祉を目的とする事業

- 地域社会の一員として自立した日常生活を営むことを支援する事業
- 経営主体等の規制はなく，行政の関与は最小限

> 例）社会福祉事業従事者の養成施設の経営
> 　　給食・入浴サービスなど

社会福祉事業

- 社会福祉を目的とする事業のうち，規制と助成を通じて公明かつ適正な実施の確保が義務付けられているもの
- 経営主体等に規制あり。都道府県知事等による指導監督あり
- 第一種社会福祉事業と第二種社会福祉事業に分類

> 例）第一種：障害者支援施設，救護施設，養護老人ホームなど
> 　　第二種：保育所の経営，デイサービス，相談事業など

第一種社会福祉事業と第二種社会福祉事業

- 第一種…経営安定を通じた利用者の保護の必要性が高い事業

■ 施設を設置して第一種社会福祉事業を経営する場合

| 行政，社会福祉法人 | ➡ | 都道府県知事に届出 |
| 行政，社会福祉法人以外 | ➡ | 都道府県知事の許可が必要 |

※行政：国，地方公共団体（都道府県・市町村）

- 第二種…公的規制の必要性が低い事業

■ 第二種社会福祉事業を経営する場合

（経営主体）

| 制限なし | ➡ | 都道府県知事への届出により事業経営が可能 |

すっきりnavi

■ 社会福祉事業の概要

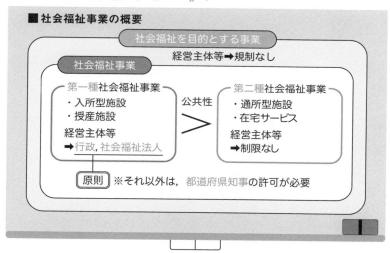

社会福祉を目的とする事業

社会福祉事業

経営主体等 ➡規制なし

第一種社会福祉事業
・入所型施設
・授産施設

経営主体等
➡行政, 社会福祉法人

第二種社会福祉事業
・通所型施設
・在宅サービス

経営主体等
➡制限なし

公共性 ＞

原則 ※それ以外は, 都道府県知事の許可が必要

🔑 関連キーワード ‥‥‥‥‥‥‥‥‥‥‥‥‥‥‥‥‥‥‥‥‥‥

● 社会福祉事業に含まれない事業とは？

① 更生保護事業　② 実施期間が6か月を超えない事業

③ 社団または組合の行う事業で社員または組合員のためにするもの

④ 入所させて常時保護を行う者が5人, その他の者は20人（政令で定めた事業は10人）未満の事業

⑤ 助成金額が毎年度500万円未満または助成を受ける事業数が毎年度50未満のもの

☑ 理解度チェック

□1 第二種社会福祉事業の経営主体は, 社会福祉法人に限られる。

□2 福祉サービス利用援助事業は, 第一種社会福祉事業である。

□3 生計困難者に対する無料低額宿泊所は, 第二種社会福祉事業である。

解答

1. ✕ 第二種社会福祉事業の経営主体については, 特に規定はない／2. ✕ 第二種社会福祉事業である／3. ○

33 社会福祉協議会

市町村社会福祉協議会の規定

- 社会福祉を目的とする事業を経営する者が参加
- 社会福祉に関する活動を行う者が参加
- 社会福祉事業または更生保護事業を経営する者の過半数が参加

■ 市町村社会福祉協議会が実施する事業

①社会福祉を目的とする事業の企画および実施
②社会福祉に関する活動への住民の参加のための援助
③社会福祉を目的とする事業に関する調査, 普及, 宣伝, 連絡, 調整および助成
④そのほか, 社会福祉を目的とする事業の健全な発達を図るために必要な事業

都道府県社会福祉協議会の規定

- 市町村社会福祉協議会の過半数が参加
- 社会福祉事業または更生保護事業を経営する者の過半数が参加

■ 都道府県社会福祉協議会が実施する事業

①市町村を通じた広域的な見地から行うことが適切な事業
②社会福祉事業従事者の養成および研修
③社会福祉事業の経営に関する指導および助言
④市町村社会福祉協議会の相互の連絡および事業の調整

🔑 関連キーワード ・・

■ 社会福祉協議会に配置される専門職

福祉活動専門員, 地域福祉活動コーディネーター	市町村社会福祉協議会に配置
福祉活動指導員	都道府県社会福祉協議会に配置
企画指導員	全国社会福祉協議会に配置

すっきり navi

■ 社会福祉協議会の沿革

| 1951年 | 中央社会福祉協議会（中央社協）を設立 都道府県社会福祉協議会を法定化 |

▼ ※同年に社会福祉事業法（現：社会福祉法）が制定

| 1955年 | 中央社協➡全国社会福祉協議会に改称 |

▼ ※1962年に社会福祉協議会基本要項を規定

| 1979年 | 『在宅福祉サービスの戦略』を発表 |

▼

| 1983年 | 市町村社会福祉協議会を法定化 |

▼

| 1992年 | 新・社会福祉協議会基本要項を規定 |

▼ ※1994年に「事業型社協推進の指針」を示す

| 2000年 | 「地域福祉の推進」を新たに位置付け |

※同年に社会福祉法が制定

☑ 理解度チェック

- □ 1 1983（昭和58）年に，都道府県社会福祉協議会による事業が拡大する中で，都道府県社会福祉協議会が法的に位置付けられた。
- □ 2 社会福祉事業法の改正（1983年［昭和58年］）により，市町村社会福祉協議会が法制化され，地域福祉におけるその役割が明確になった。
- □ 3 都道府県社会福祉協議会は，広域的見地から市町村社会福祉協議会を監督する。
- □ 4 2000（平成12）年に社会福祉法へ改正されたことにより，市町村社会福祉協議会の目的は地域福祉の推進にあることが明文化された。

解答

1. × 1951（昭和26）年に成立した社会福祉事業法において法定化された／ 2. ○
／ 3. × 市町村社会福祉協議会の相互の連絡・事業の調整を行う／ 4. ○

34 民生委員

民生委員とは

- 社会奉仕の精神を持ち，住民のソーシャルワークを行う地域福祉推進の担い手
- 民生委員は，児童委員を兼ねる➡児童や妊産婦の援助も行う
- 民生委員・児童委員の中から主任児童委員を選任

民生委員の選定

- 民生委員法に基づき，都道府県知事の推薦➡厚生労働大臣が委嘱
- 任期は3年であるが，再任可能。給与の支給はない
- 定数は厚生労働大臣の定める配置基準を参酌して，都道府県の条例で定める

民生委員の資格要件	●当該市町村の議会の議員の選挙権を有する者 ●人格識見が高く，広く社会の実情に通じている者 ●児童委員として適当である者

■民生委員の職務（民生委員法14条）

職務内容
○住民の生活状態を必要に応じ適切に把握しておくこと
○生活に関する相談に応じ，助言その他の援助を行うこと
○福祉サービスを適切に利用するために必要な情報の提供，その他の援助を行うこと
○社会福祉事業者と密接に連携し，その事業または活動を支援すること
○福祉事務所その他の関係行政機関の業務に協力すること
○その他，住民の福祉の増進を図るための活動を行うこと

🔑 関連キーワード・・・・・・・・・・・・・・・・・・・・・・・・・・・・・・・・・・

- **主任児童委員**…児童福祉に関する事項を専門的に担当
- **主任児童委員の活動内容**
    - 児童の福祉に関する機関と区域を担当する児童委員との連絡調整
    - 区域を担当する児童委員の活動に対する援助および協力

すっきり navi

■ 厚生労働大臣の定める民生委員の配置基準

区分	配置基準
東京都区部・指定都市	220〜440世帯ごとに1人
中核市・人口10万人以上の市	170〜360世帯ごとに1人
人口10万人未満の市	120〜280世帯ごとに1人
町村	70〜200世帯ごとに1人

■ 民生委員の活動状況

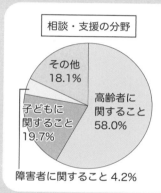

相談・支援の分野

その他 18.1%

子どもに関すること 19.7%

高齢者に関すること 58.0%

障害者に関すること 4.2%

民生委員の相談支援活動件数は，年間約490万件です

資料：厚生労働省「令和4年度 福祉行政報告例」をもとに作成

☑ 理解度チェック

- □1 民生委員は，市町村長の推薦によって，都道府県知事から委嘱される。
- □2 民生委員・児童委員の定数を定める配置基準は，全国一律で150から250世帯ごとに1人とされている。
- □3 民生委員は，非常勤特別職の地方公務員とみなされ，守秘義務が課せられる。

解答

1. ✕ 都道府県知事の推薦によって厚生労働大臣から委嘱される／2. ✕ 自治体の規模により定められている／3. ○

35 共同募金

共同募金とは

- 地域福祉の推進を目的として社会福祉法に定められた計画募金
- 社会福祉法に基づく第一種社会福祉事業である ▶テーマ32

計画募金 …地域福祉関連の活動団体から申請を受付け, 配分先を予定したうえで行う募金のこと

共同募金の特徴

- 実施主体…共同募金会（都道府県に設置）
- 募集期間…厚生労働大臣の定める期間内に限り実施
  ※現行では10月1日〜3月31日までの6か月間
- 募金の配分…配分委員会（都道府県共同募金会に設置）を通じて行う

配分委員会の承認 → 配分 → 社会福祉事業
更生保護事業
その他の社会福祉を目的とする事業

関連キーワード ･･････････････････････････････

■ 共同募金の年次推移

年	募金額
1990年	247億7,274万円
2000年	248億316万円
2010年	197億1,091万円
2018年	176億1,784万円
2019年	173億6,569万円
2020年	168億8,370万円
2021年	169億5,594万円
2022年	168億276万円

減少傾向

■ 募金方法別募金額

NHK 歳末 3.2%
歳末たすけあい 21.6%
戸別 50.5%
総額 168億円
その他 7.4%
学校 1.4%
街頭 1.0%
職域 3.7%
法人 11.3%
2022年度

出典：中央共同募金会「令和4年度　年次報告書」2023年

すっきり navi

■ 共同募金の流れ

> 配分申請 …民間施設・団体から申請書受付

▼

> 募金・配分計画 …募金計画，配分計画の作成➡配分委員会の承認

▼

> 活動の準備 …募金目標額の決定，募金活動の準備

▼

> 募金実施 …10月1日から3月31日まで活動
> 　　　　　12月には歳末たすけあい運動を実施

▼

> 集計・配分 …集計後，配分案の承認（配分委員会）➡配分決定

☑ 理解度チェック

□1 共同募金会は，市町村を単位に設立されている。

□2 共同募金の寄付金の公正な配分に資するために，市町村共同募金委員会に配分委員会を設置することが義務付けられている。

□3 共同募金会は，寄付金の配分を行うに当たっては，地方公共団体の意見を聴かなければならない。

解答

1. ✕ 都道府県を単位に設立されている／ 2. ✕ 都道府県共同募金会に設置／
3. ✕ 配分委員会の承認を得なければならない

36 社会福祉の行政機関

主な行政機関の役割

機関	役割
福祉事務所	○都道府県の事務（福祉三法を所管） 生活保護法，児童福祉法，母子及び父子並びに寡婦福祉法 ○市町村の事務（福祉六法を所管） 生活保護法，児童福祉法，母子及び父子並びに寡婦福祉法，老人福祉法，身体障害者福祉法，知的障害者福祉法
児童相談所	○必要な調査と医学的・心理学的・教育学的・社会学的・精神保健上の判定および指導 ○児童を一時保護する施設の設置義務あり
身体障害者更生相談所	○市町村相互間の連絡調整，市町村への情報提供，相談・指導のうち専門的な知識・技術を必要とするもの ○医学的・心理学的・職能的判定，補装具の処方と適合判定など
知的障害者更生相談所	○市町村相互間の連絡調整，市町村への情報提供，相談・指導のうち専門的な知識・技術を必要とするもの ○18歳以上の知的障害者の医学的・心理学的・職能的判定など
婦人相談所	○医学的・心理学的・職能的判定，必要な相談・指導など ○要保護女子を一時保護する施設の設置義務あり

🔑 関連キーワード ・・・・・・・・・・・・・・・・・・・・・・・・・・・・・・・・・

地方公共団体に設置される付属機関

● 地方社会福祉審議会…社会福祉事項を調査審議し，設置長の諮問に答え，関係行政庁に意見を具申する機関➡都道府県，指定都市，中核市に設置

● 児童福祉審議会…児童，妊産婦，知的障害者の福祉に関する事項を調査審議する機関➡都道府県，市町村に設置

すっきりnavi

■行政機関の設置基準と主な職員の配置基準

機関	設置		主な配置職員	
福祉事務所	都道府県	義務	査察指導員	義務
			現業員	義務
	市（特別区を含む）	義務	事務員	義務
	町村	任意	身体障害者福祉司	任意
			知的障害者福祉司	任意
児童相談所	都道府県	義務	児童福祉司	義務
	指定都市	義務	児童心理司	義務
身体障害者更生相談所	都道府県	義務	身体障害者福祉司	義務
	指定都市	任意	身体障害者相談員	任意
知的障害者更生相談所	都道府県	義務	知的障害者福祉司	義務
	指定都市	任意	知的障害者相談員	任意
婦人相談所	都道府県	義務	婦人相談員	義務
	指定都市	任意		任意

第3章

行政機関や専門職について，その設置が義務なのか，任意なのか混同しないようにしっかり覚えておきましょう

☑ 理解度チェック

☐1 市町村は，その区域を所管区域とする福祉事務所を設置しなければならない。

☐2 都道府県に設置される福祉事務所は，生活保護法に基づく保護の決定のほか，児童福祉法および老人福祉法に定める措置を行う。

☐3 福祉事務所は，社会福祉法に設置根拠をもつ。

解答

1. ✕ 都道府県と市には設置義務があるが，町村は任意／ 2. ✕ 老人福祉法に定める措置は，市町村に設置される福祉事務所が行う／ 3. ○

37 福祉の財政

国の財政

- 一般会計…国の基本的活動に必要な歳入，歳出を経理する会計
- 特別会計…国が行う特定事業等の目的で一般会計と区分された会計
- 社会保障関係費…国民の生活を保障する社会保障に関連する歳出

■ 社会保障関係費の内訳「令和6年度（2024年度）社会保障関係予算のポイント」より

〔2015年度〕
年金医療介護保
険給付費
生活保護費
社会福祉費
保健衛生対策費
雇用労災対策費

再編

区分	2024（令和6）年度
社会保障関係費	37兆7,193億円（100.0%）
年金給付費	13兆4,020億円 （35.5%）
医療給付費	12兆2,366億円 （32.4%）
介護給付費	3兆7,188億円 （9.9%）
少子化対策費	3兆3,823億円 （9.0%）
生活扶助等社会福祉費	4兆4,912億円 （11.9%）
保健衛生対策費	4,444億円 （1.2%）
雇用労災対策費	440億円 （0.1%）

地方の財政

- 地方公共団体の会計は，国と同様に一般会計と特別会計に区分
- 民生費…地方公共団体の歳出のうち，福祉に関連する費用

■ 民生費の性質別内訳
「地方財政白書（令和5年版）」より

区分	2021（令和3）年度
民生費（統計）	31兆3,130億円（100.0%）
扶助費	17兆3,724億円 （55.5%）
繰出金	5兆3,179億円 （17.0%）
人件費	2兆1,579億円 （6.9%）
補助費等	4兆6,809億円 （14.9%）
普通建設事業費	5,312億円 （1.7%）
物件費	1兆529億円 （3.4%）
その他	1,999億円 （0.6%）

地方財政に関する内容は，国家試験によく出題されます。地方財政白書の内容にも目を通しておきましょう

すっきりnavi

■ **一般会計歳出の構成（2024年度）**「令和6年度予算のポイント」より

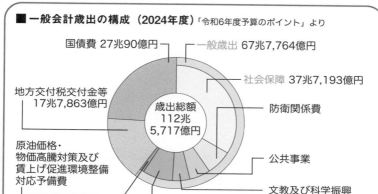

- 国債費 27兆90億円
- 一般歳出 67兆7,764億円
- 社会保障 37兆7,193億円
- 地方交付税交付金等 17兆7,863億円
- 歳出総額 112兆5,717億円
- 防衛関係費
- 原油価格・物価高騰対策及び賃上げ促進環境整備対応予備費
- 公共事業
- その他
- 文教及び科学振興

■ **民生費の目的別内訳による割合（2021年度）**「地方財政白書（令和5年版）」より

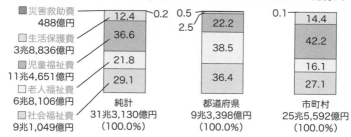

- ■ 災害救助費 488億円
- □ 生活保護費 3兆8,836億円
- ■ 児童福祉費 11兆4,651億円
- □ 老人福祉費 6兆8,106億円
- □ 社会福祉費 9兆1,049億円

	純計 31兆3,130億円 (100.0%)	都道府県 9兆3,398億円 (100.0%)	市町村 25兆5,592億円 (100.0%)
災害救助費	0.2	0.5	0.1
生活保護費	12.4	2.5	14.4
児童福祉費	36.6	22.2	42.2
老人福祉費	21.8	38.5	16.1
社会福祉費	29.1	36.4	27.1

第3章

☑ 理解度チェック

- □1 国の2024年度当初予算における一般会計歳出総額のうち，社会保障関係費が約3割を占め，次いで国債費，地方交付税交付金等の順となっている。
- □2 2024年度の国の一般会計歳出予算の社会保障関係費の中で，介護給付費が最も多い。
- □3 「地方財政白書（令和5年版）」によると，2021年度の民生費について，都道府県の合計額と市町村の合計額を比較すると，都道府県は市町村の約2.7倍の規模となっている。

解答

1. ○／ 2. ✕ 年金給付費が最も多い／ 3. ✕ 都道府県と市町村が逆である

38 地域福祉計画

市町村地域福祉計画

- 地域福祉の推進事項を定める計画
- 市町村地域福祉計画の策定内容
①地域における福祉サービスの適切な利用の推進に関する事項
②地域における社会福祉を目的とする事業の健全な発達に関する事項
③地域福祉に関する活動への住民の参加の促進に関する事項

都道府県地域福祉支援計画

- 広域的見地から市町村の地域福祉の支援に関する事項を定める計画
- 都道府県地域福祉支援計画の策定内容
①市町村の地域福祉の推進を支援するための基本的方針に関する事項
②社会福祉を目的とする事業に従事する者の確保または資質の向上に関する事項
③福祉サービスの適切な利用の推進および社会福祉を目的とする事業
　の健全な発達のための基盤整備に関する事項

🔑 関連キーワード ･･･････････････････････････････････

■ 各福祉計画の関係

計画名	根拠法	策定	福祉計画の関係
老人福祉計画	老人福祉法	義務	介護保険事業計画 ➡ 一体的作成 地域福祉計画 ➡ 調和を保つ
介護保険事業計画	介護保険法	義務	老人福祉計画 ➡ 一体的作成 地域福祉計画 ➡ 調和を保つ 市町村計画および都道府県計画 ➡ 整合性の確保
障害者計画	障害者基本法	義務	都道府県 ➡ 障害者基本計画を基本とする 市町村 ➡ 障害者基本計画および都道府県障害者計画を基本とする
障害福祉計画	障害者総合支援法	義務	障害者計画 ➡ 調和を保つ 地域福祉計画 ➡ 調和を保つ
地域福祉計画	社会福祉法	努力義務	老人福祉計画 ➡ 調和を保つ 介護保険事業計画 ➡ 調和を保つ 障害福祉計画 ➡ 調和を保つ

すっきりnavi

■ 地域福祉計画と他の福祉計画の関係

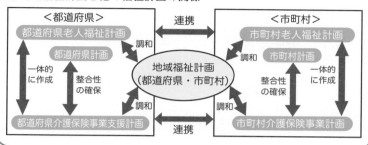

■ 地域福祉計画の策定状況

	策定済み	策定予定	策定未定	計
市区	775 (95.0%)	16 (2.0%)	24 (2.9%)	815 (100%)
町村	701 (75.7%)	69 (7.5%)	156 (16.8%)	926 (100%)

資料：市町村地域福祉計画策定状況等の調査結果概要（令和4年4月1日時点の状況調査結果）

☑ 理解度チェック

□1 地域福祉計画は，「福祉サービスを必要とする当事者」，「社会福祉を目的とする事業を経営する者」および「社会福祉に関する活動を行う者」の三者を定めている。

□2 市町村地域福祉計画では，地域における高齢者の福祉，障害者の福祉，児童の福祉，その他の福祉に関し，共通して取り組むべき事項を策定するよう努める。

□3 市町村障害者計画と市町村障害福祉計画は，一体のものとして策定されなければならない。

解答

1. ✕「福祉サービスを必要とする当事者」ではなく「地域住民」／2. ○／3. ✕ 調和が保たれたものとして策定

39 職場研修

OJT (On the Job Training)

- ●現場で実務を通して行うトレーニング
- ●上司や先輩に同行して行う基本的な職場研修の形態
- ●業務を経験させると同時に見習わせることがポイント

OFF-JT (Off the Job Training)

- ●職場を離れて行うトレーニング
- ●新たな動機付けや専門知識・技能の習得を目指す

SDS (Self Development System)

- ●自己啓発援助制度
- ●職員が行う自己啓発活動を職場として認めて援助を行うこと

職員の社会福祉士資格取得をSDSに位置付けて，支援している施設もあるよね

🔑 関 連 キーワード ‥‥‥‥‥‥‥‥‥‥‥‥‥‥‥‥‥‥‥‥

■OFF-JTの主な研修方法

方法	内容
講義形式	日常業務に役立つテーマを講義
パネルディスカッション	複数の論者を集め，公開討議する
シンポジウム	テーマを決めて聴衆を集めた発表会
ロールプレイング	実践を想定した演技で役割等を体験
グループディスカッション	小グループに分かれての討論
研修ゲーム	ゲームでスキルの習得や向上を図る

すっきりnavi

■ OJTの特徴

①職場内研修（職務上必要な能力・技術は上司や先輩から教わる）
②実務に密着した教育
→実務能力，職務遂行能力を育て発達させる教育

■ OFF-JTの特徴

①職場外研修（職場を離れてリフレッシュできる）
②日常業務に煩わされずに専念
③目的が同じ人を集めて効率的に行う研修
④研修生同士の交流が可能
⑤場所・講師・方法などの選定が可能

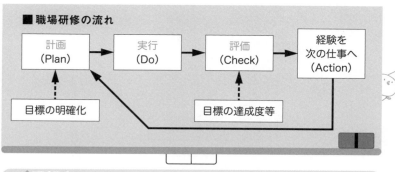

■ 職場研修の流れ

| 計画
(Plan) | → | 実行
(Do) | → | 評価
(Check) | → | 経験を
次の仕事へ
(Action) |

目標の明確化　　　　　　　　　　　　目標の達成度等

☑ 理解度チェック

□1 OJTとは，教育訓練の方法のひとつであり，職場を離れて行う職務教育訓練方法のことである。
□2 OFF-JT は，作業遂行の過程で行う訓練方法のことである。
□3 教育訓練の方法のひとつである自己啓発は，自ら選んで研修を行うものであり，研修にかかる費用を勤務先が負担したり，研修にかかる時間を勤務時間から免除するなどのほか，施設・設備・備品を貸出・提供するSDS制度がある。

解答

1. ✕ 職場内研修である。記述は，OFF-JT ／ 2. ✕ 職場外研修である。記述は，OJT ／ 3. ◯

40 就業規則

就業規則とは

● 始業・終業時刻や休日，賃金などについて定めた規則

就業規則の義務事項

● 常時10人以上の労働者を使用する使用者は，以下の義務規定あり

■ 就業規則の作成と届出

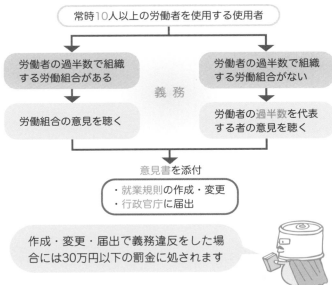

常時10人以上の労働者を使用する使用者

義　務

労働者の過半数で組織する労働組合がある
→ 労働組合の意見を聴く

労働者の過半数で組織する労働組合がない
→ 労働者の過半数を代表する者の意見を聴く

意見書を添付

・就業規則の作成・変更
・行政官庁に届出

作成・変更・届出で義務違反をした場合には30万円以下の罰金に処されます

🔑 関 連 キーワード ・・

● **労働協約**…労働組合と使用者またはその団体との間の労働条件等に関する協定

⬇

労働組合のない事業所では，労働協約は存在しない

すっきり navi

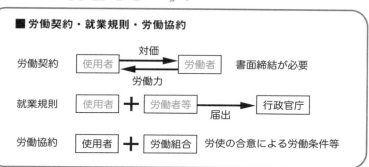

■ 労働契約・就業規則・労働協約

労働契約　[使用者] →（対価）→ [労働者]　書面締結が必要
　　　　　[使用者] ←（労働力）← [労働者]

就業規則　[使用者] ＋ [労働者等] →（届出）→ [行政官庁]

労働協約　[使用者] ＋ [労働組合]　労使の合意による労働条件等

■ 根拠法による労働関係

労働契約	労働契約法12条	就業規則の基準に達しない労働条件を定める労働契約は無効
就業規則	労働基準法92条	就業規則は法令と労働協約に反してはならない
労働協約	労働組合法15条	有効期間は3年とする

労働契約，就業規則，労働協約が「同一の労働条件において異なる場合」は以下のような関係になる

法令・労働協約 ＞ 就業規則 ＞ 労働契約

☑ 理解度チェック

□1 常時5人以上の労働者を使用する使用者は，就業規則の作成が義務付けられている。

□2 就業規則を作成する場合，使用者は，労働者の過半数で組織される労働組合がある場合は，労働組合の意見を聴くことが義務付けられているが，労働者の過半数で組織されていない労働組合では，労働者の過半数を代表する者の意見を聴けばよい。

□3 労働契約に定める労働条件の基準が就業規則と異なる場合，就業規則の基準が無効となる。

解答

1. ✕ 常時10人以上から義務付け／2. ◯／3. ✕ 労働契約による基準が無効

41 育児休業・介護休業

育児休業

- 正規従業員は養育する1歳未満の子について育児休業を取得できる
- 次の要件を満たす者は，子が1歳6か月に達するまで取得が可能

> ①保育所に入所を希望しているが，入所できない場合
> ②1歳以降，子を養育する予定であった者が死亡，負傷，疾病等の事情により子を養育することが困難になった場合

- 2009（平成21）年の改正により，3歳までの子を養育する労働者について，短時間勤務制度（1日6時間）の設置を事業主に義務化
- 2016（平成28）年の改正により，有期契約労働者の取得要件が緩和された▶すっきりnavi
- 法改正により，2022（令和4）年10月から，育児休業とは別に，夫が子の出生後8週間以内に4週間まで休業を取得することができるようになった（産後パパ育休）

介護休業

- 正規従業員は要介護状態の対象家族について介護休業を取得できる
- 2009（平成21）年の改正により，要介護状態にある家族の通院の付き添い等に対応するため，介護のための短期休暇制度が設置された（年5日。対象者が2人以上の場合は年10日）
- 2022（令和4）年4月から，育児休業について，2回までの分割取得が可能となった。さらに，介護休業と育児休業について，有期雇用労働者に係る「事業主に引き続き雇用された期間が1年以上である者」という要件が廃止された

🗝 関連キーワード ･････････････････････････････

- **子の看護休暇**…小学校就学前の子を養育する労働者は，病気やけがをした子の世話をするため，1年に5日間の休暇取得が可能。2009（平成21）年の改正により子2人以上の場合，年10日の取得が可能

すっきり navi

■ 育児休業・介護休業法の規定

項目	育児休業	介護休業
定義	労働者が，その子を養育するためにする休業	労働者が，その要介護状態にある対象家族を介護するためにする休業
取得要件	養育する子が1歳6か月に達する日までの間に労働契約が満了し，かつ，契約の更新がないことが明らかでない者	介護休業を93日取得した後6か月を経過する日までの間に，その労働契約が満了することが明らかでない者
対象家族	原則，1歳到達前の子（保育園に入れない等の場合，1歳6か月到達前まで）	配偶者，父母および子，祖父母，兄弟姉妹および孫，配偶者の父母
取得回数	子1人につき1回（2回まで分割可）	対象家族1人につき，3回を上限として，通算93日まで

2021（令和3）年1月から，育児や介護を行う労働者が子の看護休暇や介護休暇を時間単位で取得することができるようになりました

☑ 理解度チェック

☐1 労働者は養育する2歳未満の子について育児休業を取得することができる。

☐2 一般被保険者である父母が，同一の子について育児休業を取得する場合，それぞれ必要な被保険者期間を満たしていれば，両方の者が育児休業給付金を受給できる。

☐3 一人の対象家族についての介護休業の合計は，150日までである。

解答

1. ✕ 1歳未満の子／ 2. ○／ 3. ✕ 93日までである

得点力アップの秘訣は…？

社会福祉士に限らず，国家試験全般にいえることですが，「上から○○人を合格させる」という試験ではなく，要は「理解度の確認」です。確かに，例外的に超難問も出題されますが，おおむね出題基準に則った問題です。

得点力をアップする秘訣は，丹念に理念や定義を覚えること，各制度や世の中の動向（法改正の前後で何がどう変わったのかなど）をしっかり押さえること，この2点です。

合格基準は129点満点で60％程度の得点を基準とし，問題の難易度で補正されます（第36回試験は150点満点で，合格基準点は90点）。過去問題にトライするのはもちろん，模擬試験を受験するのも時間配分を体感できる点で非常に有効です。一つひとつ知識の定着を図りつつ，自分が目指す社会福祉士像を思い描きながら頑張ってください。

社会福祉士には多様な場での活躍が求められています。頑張ってください！

■■■
第4章

サービスに関する
知識

42 わが国の社会保障給付費

LINK ▶▶▶ 43

社会保障給付費の概要

- 社会保障制度を通じて1年間に国民に給付される金銭やサービス
- ILO（国際労働機関）の基準に基づいた社会保障や社会福祉等に関するもの
- 総額は，138兆7,433億円（2021年度）
- 対国内総生産比は，25.20％（同）
- 社会保障財源の総額は，163兆4,389億円（同）

部門別給付費

1981年度以降，この順位は不動です

🔑 関連キーワード ‥‥‥‥‥‥‥‥‥‥‥‥‥‥‥‥‥‥‥‥

- **高齢者関係給付費**…社会保障給付費のうち，年金保険給付費，高齢者医療給付費，老人福祉サービス給付費，高年齢雇用継続給付費を合わせた額。2021年度は，83兆4,322億円（対前年度比2,787億円増）で，給付費全体の60.1％を占める
- **社会支出**…OECD基準の統計。社会保障給付費に加え，施設整備費などの直接個人に移転されない費用も集計範囲に含む。2021年度の総額は142兆9,802億円，対国内総生産比は25.97％である。政策分野別では「保健」（42.3％），「高齢」（34.1％），「家族」（9.5％）の順

2021年度の国民1人当たりの社会支出は113万9,300円になるよ

すっきり navi

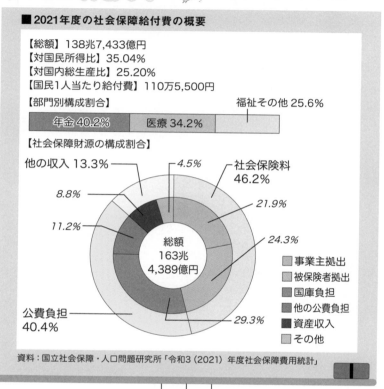

■2021年度の社会保障給付費の概要

【総額】138兆7,433億円
【対国民所得比】35.04%
【対国内総生産比】25.20%
【国民1人当たり給付費】110万5,500円
【部門別構成割合】

| 年金40.2% | 医療34.2% | 福祉その他25.6% |

【社会保障財源の構成割合】

他の収入 13.3%
4.5%
社会保険料 46.2%
8.8%
21.9%
11.2%
24.3%

総額
163兆
4,389億円

■ 事業主拠出
■ 被保険者拠出
■ 国庫負担
■ 他の公費負担
■ 資産収入
■ その他

公費負担 40.4%
29.3%

資料：国立社会保障・人口問題研究所「令和3（2021）年度社会保障費用統計」

☑ 理解度チェック

□1 社会保障財源の構成は，2021年度では事業主拠出および被保険者拠出を合わせると50％を超えている。

□2 2021年度社会保障給付費を年金，医療，福祉その他に分類すると，最も少ないのは福祉その他である。

□3 2021年度の社会保障給付費は，約150兆円に達している。

解答

1. ✕ 事業主拠出と被保険者拠出を合わせると社会保険料となり，2021年度は46.2％である／ 2. ○／ 3. ✕ 社会保障給付費の総額は138兆7,433億円

43 各国の社会保障制度

LINK ▶▶▶ 42

各国の社会保障制度の現状

■各国の医療・年金制度の概要

国	医療	年金
日本	全国民を対象とした国民皆保険の体制をとり，被用者医療保険，国民健康保険，後期高齢者医療制度からなる	全国民共通の国民年金，被用者を対象とする厚生年金保険からなる
イギリス	税方式の国民保健サービス（NHS）を全国民に提供	社会保険方式・賦課方式によって運営。国庫負担なし
アメリカ	公的な医療保障として，メディケア（医療保険）とメディケイド（医療扶助）がある。なお，2010年3月に医療保険改革法が成立	連邦政府が運営する老齢・遺族・障害年金がある。被用者と一定の所得以上の自営業者は強制適用，無職者は非加入
ドイツ	一般労働者等を対象とした一般医療保険制度と，自営農業者を対象とした農業者疾病保険制度に分けられる	一定以上の所得のある被用者は強制加入，一定範囲の自営業者，無職者は任意加入。社会保険方式・賦課方式で運営
スウェーデン	広域自治体であるランスティング（日本の県に相当）が税方式による保健・医療サービスを運営する	1999年より，社会保険を基礎とする所得比例年金と税を財源とする最低保証年金とを組み合わせた新年金制度を施行
フランス	社会保険方式による。原則として償還方式をとっているのが特徴	全国民共通ではなく，職域ごとに制度や給付内容が異なる

🔑 関連キーワード・・・・・・・・・・・・・・・・・・・・・・・・・・・・・・・・・・・

- **税方式**…税を主財源として保健医療サービスを提供する仕組み
- **社会保険方式**…主財源を被保険者と雇用主の保険料で賄い，保険適用の範囲を定めて医療サービスを提供する仕組み
- **償還方式**…患者が医療費全額を一旦支払い，後日保険負担分の医療費が払い戻される方式

すっきりnavi

■ 社会支出の国際比較（対国内総生産比）（2020年度）

社会支出	日本 (2021年度)	日本	アメリカ	フランス	イギリス (注)	スウェーデン (2019年度)	ドイツ (2019年度)
対国内総生産比	25.97%	25.36%	29.67%	35.62%	22.49%	25.47%	28.18%

（注）イギリスは，欧州連合からの離脱に伴い，2019年度以降のデータソース等が変更されており留意が必要であるため，参考値として掲載。2020年度は「積極的労働市場政策」の数値が公表されていない。
（資料）国内総生産については，日本は内閣府「2021年度（令和3年度）国民経済計算年次推計」，諸外国はOECD Social Expenditure Reference Series（2023年5月11日時点）による。諸外国の社会支出は各国の社会保障会計年度値が用いられることに合わせ，国内総生産も社会保障会計年度ベースに調整されている。イギリスは4月〜3月，アメリカは10月〜9月，その他の国は1月〜12月の値。
資料：国立社会保障・人口問題研究所「令和3年度社会保障費用統計」時系列表第7表より作成。

■ 国民負担率の国際比較

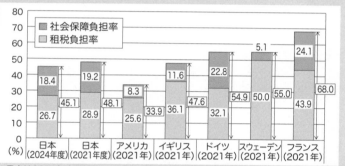

※日本は2024年度見通しおよび2021年度実績。諸外国は推計による2021年暫定値。
資料：財務省「国民負担率の国際比較」をもとに作成

国民負担率は，国民所得に対する租税負担と社会保障負担（社会保険料）の割合をいい，日本は増加傾向が続いています

☑ 理解度チェック

□1 日本では，1960年代に国民皆保険・皆年金制度が実現し，その他の諸制度とあいまって社会保障制度が構築されてきた。

□2 ドイツは国民皆年金政策をとっている。

解答

1. ○／2. × 一定範囲の自営業者などは任意加入

44 医療保険制度

LINK ▶▶▶ 74

医療保険制度の体系

- 被用者医療保険…一般の被用者が対象の健康保険と，船員や公務員など特定の職種が対象の医療保険に大別
- 国民健康保険…地域住民が対象で市町村を保険者とする市町村国民健康保険（市町村国保）と，自営業者の職種別の国民健康保険組合がある
- 高齢者医療制度…75歳以上を対象とする後期高齢者医療制度と，65〜74歳（前期高齢者）の医療費に係る財政調整制度

■ 医療保険制度の概要

制度	被保険者		保険者（運営主体）
健康保険	被用者	一般の被用者	全国健康保険協会（全国健康保険協会管掌健康保険：協会けんぽ）
			健康保険組合（組合管掌健康保険：組合健保）
船員保険		船員	全国健康保険協会
各種共済		公務員・私学教職員	各種共済組合
国民健康保険	非被用者	農業者・自営業者など	市町村・都道府県
			国民健康保険組合
後期高齢者医療制度	75歳以上（一定の障害者は65歳以上）		広域連合（都道府県単位）

🔑 関連キーワード ・・・・・・・・・・・・・・・・・・・・・・・・・・・・・・・・・

- **全国健康保険協会**…政府管掌健康保険の運営を国から引き継ぐために，2008年10月に設立された非公務員型の公法人
- **後期高齢者医療広域連合**…後期高齢者医療制度の運営を目的に設立された特別地方公共団体。都道府県の区域ごとに全市町村が加入する

すっきりnavi

■ 健康保険の保険給付の種類（2024年度）

病気やケガをしたとき		被保険者	被扶養者
		給付の種類	
病気やケガをしたとき	被保険者証で治療を受けるとき	療養の給付 入院時食事療養費 入院時生活療養費 保険外併用療養費 訪問看護療養費	家族療養費 家族訪問看護療養費
	立て替え払いのとき	療養費 高額療養費 高額介護合算療養費	家族療養費 高額療養費 高額介護合算療養費
	緊急時などに移送されたとき	移送費	家族移送費
	療養のために休んだとき	傷病手当金	―
出産したとき		出産育児一時金 出産手当金	家族出産育児一時金
死亡したとき		埋葬料（費）	家族埋葬料
退職したあと（継続または一定期間の給付）		傷病手当金 出産手当金 出産育児一時金 埋葬料	―

■ 医療保険制度における自己負担割合

年齢と「所得区分」	自己負担割合
義務教育就学前	2割
義務教育就学後〜69歳	3割
70〜74歳「一般」	2割
70〜74歳「現役並み所得者」	3割
75歳以上「一般」	1割（一部2割）
75歳以上「現役並み所得者」	3割

45 国民年金の保険料

国民年金保険料のポイント

第1号被保険者	個別に定額の保険料を負担
第2号・第3号被保険者	個別に納付する必要はない

● 2024年度の保険料は月額1万6,980円

🔑 関連キーワード ・・・・・・・・・・・・・・・・・・・・・・・・・・・・・・・・・・・・・・

● **保険料免除制度**…第1号被保険者に認められている制度で, 1/4免除, 半額免除, 3/4免除, 全額免除の4種類。免除期間は, 受給資格期間に算入される。なお, その期間の老齢基礎年金は減額支給となる

	1/4免除	半額免除	3/4免除	全額免除
免除期間の月数に乗じる支給率	7/8	3/4	5/8	1/2

免除された保険料は, 10年以内なら
さかのぼって追納できるよ

● **学生納付特例制度**…本人の前年の所得が一定以下の学生（20歳以上）を対象に, 申請によって, 在学中の保険料納付を猶予する制度
● **納付猶予制度**…50歳未満（学生を除く）で, 本人と配偶者の前年の所得が一定以下の者を対象に, 申請によって, 保険料納付を猶予する制度

保険料を追納しないと年金額には反映されません。
ただし, 年金の受給資格期間には含まれます

すっきりnavi

■ 年金制度の費用負担・給付の流れ

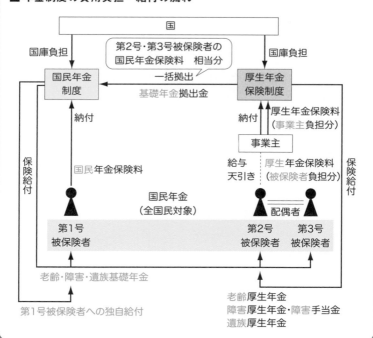

☑ 理解度チェック

☐**1** 国民年金の第1号被保険者の保険料は，労働者の場合は報酬比例である。

☐**2** 国民年金の学生納付特例制度により，保険料納付の猶予を受けた者が保険料を追納しなかった場合，当該期間の国庫負担分のみが老齢基礎年金の支給額に反映される。

☐**3** 国民年金の保険料は，世帯主がその世帯に属する被保険者の保険料を連帯して納付する義務がある。

解答

1. ✕ 国民年金保険料は定額／2. ✕ 追納しなければ，国庫負担分も含め支給額に一切反映されない／3. ○

46 障害年金

障害年金の概要

● 傷病により一定以上の障害となった場合に支給される年金
● 国民年金の障害基礎年金, 厚生年金保険の障害厚生年金がある
● 3級の障害厚生年金と障害手当金は, 厚生年金保険独自のもの

■ 障害年金の基本

	障害基礎年金	障害厚生年金
対象者	初診日において, ①国民年金の被保険者であった者, ②かつて被保険者であった日本に住む60歳以上65歳未満の者	初診日において, 厚生年金保険の被保険者であった者
支給要件 ※1	障害認定日における障害の程度が1級, 2級であること	障害認定日における障害の程度が1級, 2級, 3級であること
	保険料納付済期間（免除期間含む）が加入期間の3分の2以上ある者	障害基礎年金の支給要件を満たしている者
年金額（2024年4月分から）	2級は81万6,000円※2＋子の加算	2級は報酬比例の年金額＋配偶者加給
	1級は81万6,000円※2×1.25＋子の加算	1級は報酬比例の年金額×1.25＋配偶者加給
	—	3級は報酬比例の年金額（最低保障額）

※1　障害基礎年金は, 前年所得が一定額を超えると, 全額または半額が支給停止
※2　81万6,000円は満額の老齢基礎年金と同額（2024年4月から）

2011年に障害年金加算改善法が施行され, 障害年金の受給権発生後に生計維持している配偶者や子がいる場合にも, 加算を行うことになりました

すっきりnavi

■障害年金の給付と障害等級

	障害基礎年金	障害厚生年金
1級（国民年金法施行令別表）	○	○
2級（国民年金法施行令別表）	○	○
3級（厚生年金保険法施行令別表第一）	×	○
障害手当金 （厚生年金保険法施行令別表第二）	×	○

🔑 関連キーワード

● 障害認定日…初診日から1年6か月を経過した日，または1年6か月以内に症状が固定した日

● 障害手当金…厚生年金独自の給付。障害厚生年金が受けられる程度の障害よりも軽いが，一定条件を満たす者に，一時金として支給

☑ 理解度チェック

□ 1 障害基礎年金は，障害に伴う特別の経費を補う意味もあって，障害等級1級であれば，通常の老齢基礎年金の給付水準よりも高額である。

□ 2 障害基礎年金は，障害認定日に1級，2級または3級の障害の状態にあるときに支給される。

□ 3 障害基礎年金は，20歳前からの重度障害者であれば，本人の所得にかかわらず受給できる。

□ 4 障害厚生年金には，障害等級3級がある。

□ 5 厚生年金には，障害等級1級，2級，3級の障害厚生年金と障害手当金があるが，これらすべてに配偶者加給年金が加算される。

□ 6 65歳以上の障害基礎年金の受給権者は，老齢厚生年金または遺族厚生年金との併給ができる。

解答

1. ○／ 2. × 障害等級3級は対象外／ 3. × 前年所得が一定額を超えると，全額または半額が支給停止／ 4. ○／ 5. × 配偶者加給年金の加算は1級および2級のみ／ 6. ○

47 遺族年金

遺族年金とは

● 年金の被保険者が死亡した場合などに，遺族に支給される年金
● 国民年金の遺族基礎年金，厚生年金保険の遺族厚生年金がある

■ 遺族年金の基本

	遺族基礎年金	遺族厚生年金
支給要件	①国民年金の被保険者が死亡したとき	①厚生年金保険の被保険者が死亡したとき
	②かつて被保険者であった日本に住む60歳以上65歳未満の者が死亡したとき	②被保険者であった者が，被保険者期間中に生じた傷病が原因で，初診日から5年以内に死亡したとき
	③老齢基礎年金の受給権者が死亡したとき	③1，2級の障害厚生年金の受給権者が死亡したとき
	④老齢基礎年金の受給資格期間を満たしている者が死亡したとき	④老齢厚生年金の受給権者または受給資格期間を満たした者が死亡したとき
	※死亡者（上記①，②に該当する場合）の保険料納付済期間（免除期間含む）が国民年金加入期間の3分の2以上あること	
対象者（遺族の範囲）	死亡した者によって生計を維持されていた，子のある配偶者，もしくは子 ※「子」とは，18歳到達年度末までの者，もしくは20歳未満で障害年金の障害等級1・2級であり，かつ婚姻していない者★	遺族基礎年金の支給対象範囲に加え，子のない妻，55歳以上の夫・父母・祖父母（60歳から支給），孫 ↓ 要件は左の★と同様
年金額（2024年4月分から）	81万6,000円※＋子の加算	報酬比例の年金額の4分の3に中高齢寡婦加算または経過的寡婦加算を加えた額

※81万6,000円は満額の老齢基礎年金と同額（2024年4月から）

🔑 関連キーワード ·······················

- **寡婦年金**…国民年金の第1号被保険者のみを対象に支給される独自給付のひとつで，寡婦に対して支給される年金
  - ・支給要件：第1号被保険者としての保険料納付済期間（免除期間含む）が10年以上ある夫が，老齢年金等を受給せずに死亡した場合
  - ・受給対象：婚姻期間が10年以上ある妻（60歳から65歳になるまで）
  - ・年金額：夫が受けるはずであった老齢基礎年金の4分の3相当額
- **中高齢寡婦加算**…夫の死亡時，40歳以上65歳未満で，生計を同じくしている子のない妻や，遺族厚生年金と遺族基礎年金を受けていた子が遺族基礎年金を受給できなくなる18歳到達年度末の時点で40歳以上65歳未満の妻に加算される。妻が65歳になると自分の老齢基礎年金が受けられるため，支給停止
- **経過的寡婦加算**…一定の条件を満たす妻について，一定の老齢基礎年金の水準を保つために支給。中高齢寡婦加算が停止される65歳以降，遺族厚生年金に加算される

すっきりnavi

■時間経過に沿った遺族厚生年金の受給（子がいる場合）

妻40歳の時
夫死亡　　　　　　　▼子18歳到達年度末　妻65歳に

遺族基礎年金 （子の加算あり）	中高齢寡婦加算	老齢基礎年金 経過的寡婦加算

遺族厚生年金

時間の流れ　➡

☑ 理解度チェック

□**1** 遺族基礎年金の支給対象になる遺族は，子のある配偶者，子である。

解答

1. ○ 2014年4月から「子のある夫」が追加されることとなり，「子のある配偶者」と改正された

48 介護保険の給付財源

介護保険の給付財源とは

- 介護保険で給付される居宅サービスおよび施設サービスにかかる財源
- 利用者の自己負担分（サービスにかかった費用の原則として1割〔一定以上の所得のある第1号被保険者は2割または3割〕）を除いた部分は、公費と保険料で折半

公費負担割合

	居宅給付費	施設等給付費
国	25%※	20%※
都道府県	12.5%	17.5%
市町村	12.5%	12.5%

※調整交付金含む

保険料の割合（2021～2023年度）

- 第1号被保険者の保険料…年金から天引きされる「特別徴収」と、市町村が直接徴収する「普通徴収」がある。介護給付費の23%
- 第2号被保険者の保険料…医療保険者が保険料と合わせて徴収する。介護給付費の27%

🔑 関連キーワード

- **調整交付金**…市町村間の介護保険財政の格差を調整するために、全国ベースで給付費の5%相当分を交付するもの
- 財政安定化基金…都道府県に設置され、市町村が努力してもなお生じる保険料未納や給付費見込みの誤りなどにより保険財政に不足が生じた場合に、資金の交付または貸付を行う。財源は国、都道府県、市町村（第1号被保険者の保険料）が1/3ずつ負担

すっきりnavi

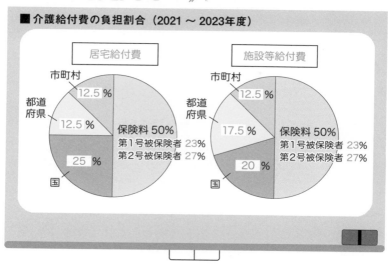

■ 介護給付費の負担割合（2021 ～ 2023年度）

居宅給付費

- 市町村 12.5 %
- 都道府県 12.5 %
- 国 25 %
- 保険料 50%
  - 第1号被保険者 23%
  - 第2号被保険者 27%

施設等給付費

- 市町村 12.5 %
- 都道府県 17.5 %
- 国 20 %
- 保険料 50%
  - 第1号被保険者 23%
  - 第2号被保険者 27%

居宅と施設等では，国と都道府県の負担割合が異なります

☑ 理解度チェック

- □1 市町村特別給付の財源は，第1号被保険者および第2号被保険者の保険料である。
- □2 介護保険の第2号被保険者の保険料は，年金保険者を通じて徴収されることになっている。
- □3 介護保険では，居宅サービスに要した費用の一部を本人が負担するが，その中には居宅介護サービス計画費は含まれない。
- □4 介護保険の財源構成は，保険料5割，公費5割が基本である。
- □5 介護保険の財源として，国は各保険者に対し介護給付及び予防給付に要する費用の25％を一律に負担する。

解答

1. × 財源は，第1号被保険者の保険料／2. × 医療保険者を通じて徴収される／
3. ○／ 4. ○／ 5. × 居宅給付費は25％であるが，施設等給付費は20％を負担

49 認知症と認知症ケア

LINK ▶▶▶ 06

認知症の概要

- 後天的な脳の器質的障害によって知的機能が持続的に低下し，日常生活に支障をきたすようになること
- 加齢に伴う健忘症とは異なり，症状が進行する，体験そのものを忘れるなどの特徴がある

認知症の症状

- 認知症状…記憶障害，見当識障害，理解力・判断力の低下など，必ず出現する症状
- BPSD（認知症の行動・心理症状）…幻覚，妄想，うつ状態，攻撃性など，本人の性格や生活環境，人間関係などさまざまな要因が影響して出現する症状

🔑 関連キーワード ‥‥‥‥‥‥‥‥‥‥‥‥‥‥‥‥‥‥‥

- 回想法…高齢者の誰もが持っている記憶（思い出）を，高齢者自身に語ってもらう高齢者ケアの技法
- **長谷川式簡易知能評価スケール**…口頭の質問で短期記憶や見当識，記銘力などを点数化する認知症スクリーニングテストのひとつ
- **認知症施策推進5か年計画（オレンジプラン）**…2012年9月に厚生労働省が公表した2013年度から2017年度までの5か年計画。認知症に関する主な7つの政策課題を示したもの。2015年1月には認知症施策推進総合戦略（新オレンジプラン）が発表され，2017年の改正で，2020年度までの数値目標が掲げられた
- **認知症施策推進大綱**…2019年6月に厚生労働省が公表。共生と予防を柱にした2025年までの方針
- **パーソンセンタードケア**…認知症高齢者その人を中心とした介護を行うことを理念とする

すっきりnavi

■ 代表的な認知症の特徴

	原因と症状	進行
アルツハイマー型認知症	原因不明。脳全体の萎縮，脳室の拡大がみられる。知能全般に障害が現れるほか，初期段階から人格の変化がみられる。BPSD が生じやすい	慢性的で緩慢。末期には重度化し，寝たきりになる
血管性認知症	脳血管障害による脳の神経細胞や組織の障害などが原因。記憶障害は重いが人格の変化はあまりみられず，BPSDも軽いなど，障害の程度にむらがある（まだら認知症）。運動麻痺，知覚麻痺，言語障害，感情失禁を伴うことが多い	基本的に緩やかに進行。発作を繰り返して重度化することもある
レビー小体型認知症	レビー小体という神経細胞にできる特殊なたんぱく質が原因で，特に脳の大脳皮質や，脳幹に多く蓄積する。震えやこわばりなどのパーキンソン病様症状や幻視が特徴	進行が早い

感情失禁は，ささいなことで泣く，怒るなど，感情をコントロールできない状態をいうよ

☑ 理解度チェック

- □1 レビー小体型認知症の臨床診断に用いる中核的特徴にパーキンソン症状がある。
- □2 暴言・暴力，過食・異食などのBPSDは，認知症の進行に伴って出現回数が増加することが特徴であり，ケア環境による影響はみられない。
- □3 オレンジプランは，認知症高齢者施策として，介護保険制度の創設と同時に策定された。

解答

1. ○／ 2. × 本人の生活環境や身体状況，介護者との人間関係などさまざまな要因が影響する／ 3. × 2012年9月に厚生労働省が公表。介護保険制度の創設は1997年

50 要介護認定

LINK ▶▶▶ 27

要介護認定とは

- 介護が必要な状態であるか，またその必要サービス量を，市町村が客観的に判断するもの
- 要介護認定の基準は，全国一律に客観的に定められている

要介護認定の流れとは

①要介護認定の申請…被保険者，その家族など➡市町村へ

②認定調査…市町村の職員等が訪問して実施（委任可）

③主治医意見書…被保険者の主治医が心身の状態等を記載

④一次判定…認定調査結果をコンピュータで分析

⑤二次判定…介護認定審査会が一次判定の特記事項や主治医意見書の内容を加味して検討。2018年度より，長期にわたって状態が変化していない者を対象にこの二次判定を簡素化できるようになった

⑥要介護状態区分等の決定…非該当，要支援1〜2，要介護1〜5

⑦市町村による認定…被保険者へ通知➡不服があれば介護保険審査会へ

⑧要介護認定の種類…新規要介護認定，要介護更新認定，要介護状態区分等の変更認定

⑨要介護認定の期間延長…これまで要介護更新認定の36か月が最長となっていたが，2021（令和3）年4月から更新認定の二次判定で，直前の要介護度と同じ要介護度と判定された者については，設定可能な有効期間の上限を，36か月から48か月に延長することができるようになった

🔑 関連キーワード・・・・・・・・・・・・・・・・・・・・・・・・・・・・・・・

- **介護認定審査会**…要介護認定の二次判定を行う機関。市町村に設置される
- **介護保険審査会**…要介護等認定に関する不服審査を行う機関。行政から独立する第三者機関として都道府県に設置される
- **調整交付金**…国が市町村に対して介護保険の財政を調整するために交付する

すっきりnavi

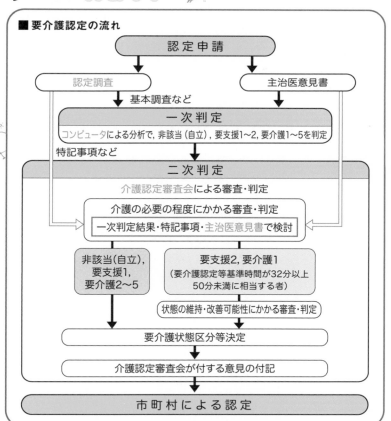

■ 要介護認定の流れ

```
               認 定 申 請

   認定調査                    主治医意見書
          基本調査など

              一 次 判 定
   コンピュータによる分析で, 非該当(自立), 要支援1～2, 要介護1～5を判定

   特記事項など

              二 次 判 定
          介護認定審査会による審査・判定

       介護の必要の程度にかかる審査・判定
       一次判定結果・特記事項・主治医意見書で検討

   非該当(自立),          要支援2, 要介護1
   要支援1,              (要介護認定等基準時間が32分以上
   要介護2～5              50分未満に相当する者)

                     状態の維持・改善可能性にかかる審査・判定

              要介護状態区分等決定

           介護認定審査会が付する意見の付記

             市 町 村 に よ る 認 定
```

第4章

☑ 理解度チェック

□**1** 要介護認定の二次判定では, 一次判定を基礎として, 主治医の意見書や特記事項に基づき, どの区分に該当するかの審査・判定が行われる。

□**2** 要介護認定の審査・判定基準には, 地域区分が設けられている。

□**3** 介護保険審査会は市町村に置かれ, 保険給付に関する処分または保険料等に関する処分に係る審査請求の審査を行う。

解答

1. ○／ 2. × 全国一律の基準／ 3. × 介護保険審査会は, 都道府県に設置

133

51 社会福祉法人

機関の設置

- 社会福祉法人は，評議員，評議員会，理事，理事会及び監事を置かなければならない
- 社会福祉法人は，定款の定めにより会計監査人を置くことができる
- 特定社会福祉法人（事業規模が政令で定める基準を超える社会福祉法人）は，会計監査人を設置する義務がある
- 評議員は，社会福祉法人の適正な運営に必要な識見を有する者のうちから，定款の定めるところにより，選任する

社会福祉法人は，その経営する社会福祉事業に支障がない限り，公益事業または収益事業を行うことができるよ

評議員の任期

- 評議員の任期は，選任後4年以内に終了する会計年度のうち最終のものに関する定時評議員会の終結の時までとなっている。ただし，定款で，その任期を選任後6年以内に終了する会計年度のうち最終のものに関する定時評議員会の終結の時まで伸長することも可能である

役員等の選任

- 役員及び会計監査人は，評議員会の決議によって選任する
- この評議員会の決議をする場合には，社会福祉法または定款で定めた役員の員数を欠くこととなるときに備えて補欠の役員を選任することができる
- 役員の任期は，選任後2年以内に終了する会計年度のうち最終のものに関する定時評議員会の終結の時までとしている。ただし，定款によって，その任期を短縮することもできる

すっきりnavi

■ 社会福祉法人の役員の資格

監事	● 2 人以上でなければならない ● 理事または社会福祉法人の職員を兼ねることができない ● ①社会福祉事業について識見を有する者，②財務管理について識見を有する者を含まなければならない
理事	● 6 人以上でなければならない ● ①社会福祉事業の経営に関する識見を有する者，②社会福祉法人が行う事業の区域における福祉に関する実情に通じている者，③社会福祉法人が施設を設置している場合には，その施設の管理者を含まれなければならない

第4章

理事の中から理事長が選定されます。理事長は，代表権を有する者と位置づけられ，報酬を受けることができます

☑ 理解度チェック

□1 社会福祉法人の理事長は，無報酬でなければならない。

□2 社会福祉法人は，評議員，評議員会，理事，理事会，監事を設置することが義務付けられている。

□3 社会福祉法人の評議員会の設置は任意である。

□4 クラウドファンディングとは，不特定多数から通常インターネット経由で資金調達することを指す。

□5 社会福祉法人が行える事業は，社会福祉事業と公益事業に限定される。

解答

1. × 社会福祉法人の理事長は報酬を受けることができる／ 2. ○／ 3. × 社会福祉法人は，評議員，評議員会，理事，理事会および監事を置かなければならない／ 4. ○ ／ 5. × 社会福祉法人は，その経営する社会福祉事業に支障がない限り，公益事業または収益事業を行うことができる

52 住宅改修

居宅介護住宅改修費の概要

- 介護保険法において市町村から支給されるサービス
- 在宅の要介護者が，所定の住宅改修を行ったときに支給される。要支援者の場合は，介護予防住宅改修費として支給
- 支給限度基準額（20万円）が設定され，要介護状態区分にかかわらず同一住宅において，原則としてその9割（最大18万円まで）を償還払い（一定以上の所得がある場合は，7割または8割）
- 1回に限り再支給あり（原則，最初に支給された時点から要介護状態が3段階以上重くなった場合）
- 転居の場合は，改めて支給される

改修に30万円かかったとしても原則，18万円までしか支給されません

🔑 関連キーワード ‥‥‥‥‥‥‥‥‥‥‥‥‥‥‥‥‥‥‥‥

●手すり

①手すり設置の意義…居室内での転倒事故防止，生活動作の安定を図るうえで，手すりの設置は有効である

②水平手すり…廊下，居室など身体を水平に移動させる場所に設置。床面から750～800mm程度の高さが目安

③縦手すり，L字型手すり…浴室，トイレなど身体を上下にも移動させる場所に設置

④階段の手すり…通常，下りる時の利き手側に設置

手すり取付けのための壁の下地補強も，住宅改修の対象となるんだよ

すっきりnavi

■ 居宅介護住宅改修費(介護予防住宅改修費)の支給対象

住宅改修の種類	①手すりの取付け
	②段差の解消
	③滑りの防止および移動の円滑化などのための床または通路面の材料の変更
	④引き戸などへの扉の取替え,引き戸の新設
	⑤洋式便器などへの便器の取替え,便器の向きや位置の変更
	⑥その他①〜⑤の住宅改修に付帯して必要となる住宅改修

引き戸

手すり

☑ 理解度チェック

□1 介護保険における住宅改修費の支給額は,要介護状態区分に応じて異なる。

□2 段差解消機やリフトなどの動力により段差を解消する機器を設置する工事は,介護保険による住宅改修費支給の対象とはならない。

□3 要介護認定で「要支援」と認定された高齢者も居宅介護住宅改修費支給の対象になる。

解答

1. ✕ 支給限度基準額は,要介護状態区分にかかわらず一律／ 2. ○／ 3. ✕ 要支援者に支給されるのは,介護予防住宅改修費

53 地域包括支援センター

地域包括支援センターの概要

- ●地域の健康・生活を総合的に支える拠点
- ●包括的支援事業の中核的施設
- ●設置主体は市町村（老人介護支援センターの設置者等への委託可）
- ●保健師，社会福祉士，主任介護支援専門員の3職種またはこれらに準ずる者を配置
- ●各職種がチームとして地域住民を支援する業務を行う

■地域包括支援センターの専門職・業務

3専門職	保健師，社会福祉士，主任介護支援専門員	
主な業務	介護予防ケアマネジメント業務	包括的支援事業
	総合相談支援業務	
	権利擁護業務	
	包括的・継続的ケアマネジメント支援業務	
	在宅医療・介護連携推進事業	
	生活支援体制整備事業	
	認知症総合支援事業	

🔑 関連キーワード ・・・・・・・・・・・・・・・・・・・・・・・・・・・・・・・・・・

- ●**チームアプローチ**…社会福祉士をはじめとする多職種が協働で利用者を支援すること。具体的には，サービス担当者会議や地域ケア会議，ターミナルケアなど
- ●**主任介護支援専門員**…介護保険サービスや他の保健・医療・福祉サービスを提供する者との連絡調整，他の介護支援専門員に対する助言・指導などケアマネジメントが適切かつ円滑に提供されるために必要な業務に関する知識および技術を修得した者。なお，地域包括支援センターには，その担当区域における介護保険の第1号被保険者の数に応じて主任介護支援専門員を配置する必要がある

すっきり navi

■ 地域包括支援センターのイメージ

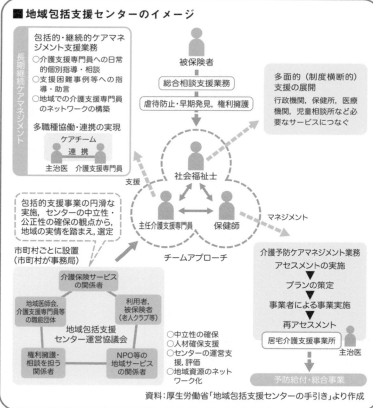

資料：厚生労働省「地域包括支援センターの手引き」より作成

☑ 理解度チェック

□1 地域包括支援センターは，老人福祉法に基づき，地域住民の相談・援助を行っている。

□2 地域包括支援センター運営協議会の構成員は，当該自治体の関係部署の職員で組織される。

解答

1. ✕ 地域包括支援センターは，介護保険法に規定されている／ 2. ✕ 介護保険サービスの関係者や利用者，被保険者，職能団体などで構成される

54 高齢者虐待防止法

LINK ▶▶▶ 58,62

「高齢者虐待の防止，高齢者の養護者に対する支援等に関する法律」（高齢者虐待防止法）の概要

- 深刻化する高齢者への虐待を防止するべく2005年に制定
- 高齢者を「65歳以上の者」，高齢者虐待を「養護者による高齢者虐待及び養介護施設従事者等による高齢者虐待」と定義 ▶ すっきりnavi

■ 虐待判断件数等

養介護施設従事者等によるもの		養護者によるもの	
虐待判断件数	相談・通報件数	虐待判断件数	相談・通報件数
856 件	2,795 件	16,669 件	38,291 件

■ 高齢者虐待の種別

虐待者	身体的虐待	介護等放棄	心理的虐待	性的虐待	経済的虐待
養介護施設従事者等	57.6%	23.2%	33.0%	3.5%	3.9%
養護者	65.3%	19.7%	39.0%	0.4%	14.9%

■ 養護者による高齢者虐待の状況

相談・通報者		虐待者の被虐待高齢者との関係	
1	警察（34.0%）	1	息子（39.0%）
2	介護支援専門員（25.0%）	2	夫（22.7%）
3	家族・親族（7.5%）	3	娘（19.3%）

（令和4年度「高齢者虐待の防止，高齢者の養護者に対する支援等に関する法律」に基づく対応状況等に関する調査結果より）

🔑 関連キーワード ・・・・・・・・・・・・・・・・・・・・・・・・・・・・・・・・・・・・・・

- **高齢者虐待防止法における通報義務**…高齢者の生命または身体に重大な危険が生じている場合は，速やかに市町村に通報しなければならない。また，養介護施設従事者等が，養介護施設従事者等による虐待を受けたと思われる高齢者を発見した場合も，市町村への通報義務がある

すっきりnavi

■養護者による高齢者虐待の種類と定義

虐待の種類	虐待の定義
①身体的虐待	高齢者の身体に外傷が生じ，または生じるおそれのある暴行を加えること
②ネグレクト	高齢者を衰弱させるような著しい減食または長時間の放置，養護者以外の同居人による①，③，④に掲げる行為と同様の行為の放置等養護を著しく怠ること
③心理的虐待	高齢者に対する著しい暴言または著しく拒絶的な対応その他の高齢者に著しい心理的外傷を与える言動を行うこと
④性的虐待	高齢者にわいせつな行為をすることまたは高齢者にわいせつな行為をさせること
⑤経済的虐待	養護者または高齢者の親族が高齢者の財産を不当に処分することその他当該高齢者から不当に財産上の利益を得ること

※養介護施設従事者等による高齢者虐待については，②の同居人による行為の放置等に関する規定と，⑤の養護者または親族という限定がない

65歳未満で養介護施設に入所・利用し，または養介護事業に係るサービスの提供を受ける障害者は，高齢者とみなして，養介護施設従事者等による高齢者虐待に関する規定が適用されます

☑ 理解度チェック

□1 高齢者虐待防止法における「高齢者虐待」の定義には，使用者による高齢者虐待が含まれている。

□2 市町村長は養護者による高齢者虐待により高齢者の生命または身体に重大な危険が生じている恐れがあると認められるときは，裁判所の許可を得て，立入調査をさせることができる。

解答

1. × 養護者による高齢者虐待及び養介護施設従事者等による高齢者虐待と定義されている／ 2. × 裁判所の許可は必要ない

55 バリアフリー法

「高齢者，障害者等の移動等の円滑化の促進に関する法律」（バリアフリー法）の概要

- バリアフリー法は，ハートビル法と交通バリアフリー法を一本化した法律。2006年12月施行
- バリアフリー法の目的は，公共交通機関の旅客施設および車両等，道路，路外駐車場，公園施設ならびに建築物の構造と設備を改善するための措置などを講ずることにより，高齢者，障害者等の移動上および施設利用上の利便性と安全性の向上の促進を図り，公共の福祉の増進に資すること
- 施設設置管理者その他の高齢者，障害者等が日常生活または社会生活において利用する施設を設置，管理する者は，移動等円滑化のために必要な措置を講ずるよう努めなければならないと規定
- 国民の責務として，高齢者，障害者等の円滑な移動および施設利用の確保に協力するよう努めなければならないと規定

🔑 関連キーワード ・・・・・・・・・・・・・・・・・・・・・・・・・・・

- 「高齢者，身体障害者等が円滑に利用できる特定建築物の建築の促進に関する法律」（ハートビル法）…従来の建築物のバリアフリー化を目的とした法律
- 「高齢者，身体障害者等の公共交通機関を利用した移動の円滑化の促進に関する法律」（交通バリアフリー法）…駅や公共交通機関などのバリアフリー化を目的とした法律

バリアフリー法の施行により，ハートビル法と交通バリアフリー法は廃止されました

すっきりnavi

■ バリアフリー法の枠組み

住民等による移動等円滑化
基本構想の作成提案

▼

基本構想（市町村） ◀ 協議会（市町村，
高齢者・障害者等）

▼

事業の実施

▼

支援措置

市町村が定める重点整備地区において，高齢者・障害者等
の計画段階からの参加を得て，旅客施設，建築物等の一体
的な整備を促進するための措置を定めます

☑ 理解度チェック

□1 「バリアフリー法」では，施設設置管理者その他の高齢者，障害者等が日常生
活または社会生活において利用する施設を設置し，または管理する者は，移
動等円滑化のために必要な措置を講ずるよう努めなければならないとされた。

□2 「バリアフリー法」では，都道府県が作成する「移動等円滑化基本構想」の作
成に当事者である住民が参加したり，提案したりすることができるようにな
り，住民参加が前進した。

解答

1. ○／ 2. × 移動等円滑化基本構想を作成するのは市町村

56 障害者手帳制度

障害者手帳制度の概要

- 障害者の対象ごとに，身体障害者手帳，療育手帳，精神障害者保健福祉手帳の3種がある
- それぞれの障害に該当すると認定された者に対して交付される
- 各障害者が，それぞれの福祉サービスを受ける際に必要となるもの

■ 各障害者手帳制度の概要

種類	申請者	申請窓口	交付者	判定機関	有効期間
身体障害者手帳	本人・15歳未満の場合は保護者	福祉事務所・市町村の担当課	都道府県知事（指定都市市長・中核市市長）	身体障害者更生相談所	―
療育手帳	本人・保護者		都道府県知事（指定都市市長）	児童相談所・知的障害者更生相談所	原則2年
精神障害者保健福祉手帳	本人（申請書の提出や手帳の受け取りは家族や医療機関職員等が代行可）			精神保健福祉センター	2年

療育手帳は，「療育手帳制度について」という厚生事務次官通知に基づく制度です

すっきり navi

■ 各障害者手帳の等級

種類	等級
身体障害者手帳	・重度（1，2級）
	・中度（3，4級）
	・軽度（5，6級）
	※身体障害者障害程度等級表に基づく（7級は手帳なし）
療育手帳	・A（重度）
	・B（その他）
精神障害者保健福祉手帳	・1級（日常生活の用を弁ずることを不能ならしめる程度のもの。最も重度）
	・2級（日常生活が著しい制限を受けるか，または日常生活に著しい制限を加えることを必要とする程度のもの）
	・3級（日常生活もしくは社会生活が制限を受けるか，または日常生活もしくは社会生活に制限を加えることを必要とする程度のもの）

第4章

☑ 理解度チェック

- □1 身体障害者手帳は，障害等級1級から7級までの者に交付される。
- □2 療育手帳は，福祉事務所で知的障害であると判定された者に交付される。
- □3 精神障害者保健福祉手帳の更新は，5年ごとに行わなければならない。

解答

1．× 1級から6級までの者に交付される／2．× 児童相談所または知的障害者更生相談所で知的障害であると判断された場合に交付される／3．× 2年ごとに都道府県知事の認定を受けなければならない

57 身体障害者福祉法

LINK ▶▶▶ 60

身体障害者福祉法の概要

- 1949（昭和24）年制定
- 傷痍軍人をはじめとする生活に困窮した障害者の更生支援を主な目的としてスタート
- 身体障害者更生相談所，身体障害者福祉司，介助犬訓練事業などについて規定

法律の目的

- 障害者総合支援法と相まつて，身体障害者の自立と社会経済活動への参加を促進するため，身体障害者を援助し，及び必要に応じて保護し，もつて身体障害者の福祉の増進を図ること（1条）

障害者の定義

- 別表に掲げる身体上の障害がある18歳以上の者であつて，都道府県知事から身体障害者手帳の交付を受けたもの（4条）

🔑 関連キーワード ・・・・・・・・・・・・・・・・・・・・・・・・・

- 知的障害者福祉法…1960（昭和35）年制定の知的障害者を支援する法律（旧：精神薄弱者福祉法。1998〔平成10〕年改正で名称変更）。同法には知的障害者の明確な定義はないが，対象は18歳以上の知的障害者である

18歳未満は児童福祉法の対象ですね

すっきり navi

■ 法律別にみる障害者等の定義

障害者 基本法	障害者	身体障害，知的障害，精神障害（発達障害を含む）その他の心身の機能の障害がある者であって，障害および社会的障壁により継続的に日常生活または社会生活に相当な制限を受ける状態にあるもの
障害者総合支援法	障害者	身体障害者福祉法4条に規定する身体障害者，知的障害者福祉法にいう知的障害者のうち18歳以上である者および精神保健福祉法5条に規定する精神障害者（発達障害者支援法2条2項に規定する発達障害者を含み，知的障害者福祉法にいう知的障害者を除く）のうち18歳以上である者ならびに治療方法が確立していない疾病その他の特殊の疾病であって政令で定めるものによる障害の程度が主務大臣が定める程度である者であって18歳以上であるもの
	障害児	児童福祉法4条2項に規定する障害児をいう
精神保健福祉法	精神障害者	統合失調症，精神作用物質による急性中毒またはその依存症，知的障害，精神病質その他の精神疾患を有する者
発達障害者支援法	発達障害	自閉症，アスペルガー症候群その他の広汎性発達障害，学習障害，注意欠陥多動性障害その他これに類する脳機能の障害であってその症状が通常低年齢において発現するものとして政令で定めるもの
	発達障害者	発達障害がある者であって発達障害および社会的障壁により日常生活または社会生活に制限を受けるもの
	発達障害児	発達障害者のうち18歳未満のもの

☑ 理解度チェック

□1 身体障害者福祉法は，制定時には身体障害者の更生を目的とし，更生とは英語のリハビリテーションの訳で，医学的な回復を意味していた。

解答

1. ✕ 医学的な回復ではなく，訓練等による障害者の社会復帰を目的としていた

58 障害者虐待防止法

LINK ▶▶▶ 54, 62

障害者虐待防止法の概要

- 障害者の虐待防止・予防や早期発見などを目的として，2011年6月に制定（翌年10月施行）。正式名称は，「障害者虐待の防止，障害者の養護者に対する支援等に関する法律」
- 障害者虐待を発見した者に対する通報義務や，障害者虐待の防止等に関する国等の責務などについて規定
- 障害者虐待とは，①養護者による虐待，②障害者福祉施設従事者による虐待，③使用者による虐待をいう

障害者虐待防止法における障害者虐待等の定義

- 「養護者」「障害者福祉施設従事者等」および「使用者」による5種の行為を「障害者虐待」と定義▶すっきりnavi

通報義務

- 養護者または障害者福祉施設従事者等による虐待を発見した場合…市町村に通報しなければならない
- 使用者による虐待を発見した場合…市町村または都道府県に通報しなければならない

🔑 関連キーワード ·······························

- 市町村障害者虐待防止センター…障害者虐待の通報または届出の受理や，障害者虐待の防止，障害者の保護のための相談・助言などを行う
- 都道府県障害者権利擁護センター…使用者による障害者虐待の通報または届出の受理や，障害者および養護者支援に関する相談・助言など，障害者虐待の防止等のために必要な支援を行う

すっきり navi

■障害者虐待を行う者の定義

養護者	障害者を現に養護する者であって障害者福祉施設従事者等および使用者以外のもの
障害者福祉施設従事者等	障害者支援施設や障害者福祉施設，障害福祉サービス事業等にかかる業務に従事する者
使用者	国および地方公共団体を除く障害者を雇用する事業主または事業主のために行為をする者

■障害者虐待の種類

①身体的虐待	障害者の身体に外傷が生じ，もしくは生じるおそれのある暴行を加え，または正当な理由なく障害者の身体を拘束すること
②性的虐待	障害者にわいせつな行為をすることまたは障害者をしてわいせつな行為をさせること
③心理的虐待	障害者に対する著しい暴言または著しく拒絶的な対応その他の障害者に著しい心理的外傷を与える言動を行うこと
④ネグレクト	障害者を衰弱させるような著しい減食または長時間の放置等養護を著しく怠ること
⑤経済的虐待	養護者または障害者の親族が当該障害者の財産を不当に処分することその他当該障害者から不当に財産上の利益を得ること

第4章

児童虐待防止法や高齢者虐待防止法と
一緒に覚えましょう

☑ 理解度チェック

□1 障害者虐待防止法において，「障害者虐待」とは，養護者による障害者虐待，障害者福祉施設従事者等による障害者虐待のことをいう。

□2 市町村は市町村障害者虐待防止センター，都道府県は都道府県障害者権利擁護センターとしての機能を果たすことが義務付けられている。

解答

1. ✕ 上記に加えて，使用者による障害者虐待をいう／2. ◯

59 障害者総合支援法

LINK ▶▶▶ 80, 82

障害者総合支援法の概要

● 障害者自立支援法の改正により，2013年4月1日に改称された。正式名称は，「障害者の日常生活及び社会生活を総合的に支援するための法律」

■ 障害者総合支援法の主な改正点（2013年）

「制度の谷間」のない障害福祉サービス	「制度の谷間」を解消すべく，障害者の範囲に難病等を追加
障害支援区分の創設	「障害程度区分」が「障害支援区分」に変更
重度訪問介護の対象拡大	重度の肢体不自由者に加え，重度の知的障害者・精神障害者へ対象拡大
共同生活介護の共同生活援助への一元化	共同生活介護（ケアホーム）を共同生活援助（グループホーム）へ統合
地域移行支援の対象拡大	保護施設，矯正施設等を退所する障害者へ対象拡大
地域生活支援事業の追加	障害者に対する理解を深めるための研修・啓発を行う事業等，地域生活支援事業の必須事業を追加

ほかにも，サービス基盤の計画的整備として，基本指針や障害福祉計画の定期的な検証と見直しの法定化などがあげられています

🔑 関連キーワード ‥‥‥‥‥‥‥‥‥‥‥‥‥‥‥‥‥‥‥

● **障害福祉計画**…障害福祉サービス等の提供体制の整備のため，障害者総合支援法88条で市町村に対して市町村障害福祉計画の策定が，89条で都道府県に対して都道府県障害福祉計画の策定が，それぞれ義務付けられている

すっきりnavi

■障害者総合支援法の全体像（事業構成）

市町村

自立支援給付

介護給付
- ○居宅介護
- ○重度訪問介護
- ○同行援護
- ○行動援護
- ○療養介護
- ○生活介護
- ○短期入所
- ○重度障害者等包括支援
- ○施設入所支援

訓練等給付
- ○自立訓練（機能訓練・生活訓練）
- ○就労移行支援
- ○就労継続支援（A型・B型）
- ○共同生活援助
- ○自立生活援助
- ○就労定着支援

障害者・児

地域相談支援 *

計画相談支援 *

自立支援医療
- ○更生医療
- ○育成医療
- ○精神通院医療※
- ※実施主体は都道府県等

補装具

地域生活支援事業
- ○理解促進研修・啓発　○相談支援　○成年後見制度利用支援
- ○意思疎通支援　○日常生活用具の給付または貸与　○移動支援
- ○手話奉仕員養成研修　○地域活動支援センター機能強化　など

支援

広域支援，人材育成など

都道府県

＊地域相談支援は「地域移行支援＋地域定着支援」，計画相談支援は「サービス利用支援＋継続サービス利用支援」
となっている。

☑ 理解度チェック

- □**1** 自立支援医療の種類には，更生医療が含まれる。
- □**2** 重度の肢体不自由者のみが対象であった重度訪問介護は，行動障害を有する
障害支援区分3以上の者も利用できるようになった。
- □**3** 障害支援区分は，区分1から区分6までがある。

解答

1. ○／ 2. ✕ 重度の知的障害者・精神障害者も利用できるようになった／ 3. ○

60 発達障害者支援法

発達障害者支援法の概要

● 発達障害者，発達障害児の生活全般を支援することを目的に2004年成立（2005年施行）
● 発達障害の早期発見をはじめ，保育，教育，就労支援から地域での生活支援まで，発達障害児・者の生活全体を支えるという点がポイント

市町村の主な役割

● 市町村は，発達障害児の適切な支援のために，児童・保護者の意思を尊重するとともに，必要な配慮をしなければならない
● 市町村の教育委員会は，健康診断を行うに当たり，発達障害の早期発見に十分留意しなければならない

都道府県の主な役割

● 市町村の求めに応じ，児童の発達障害の早期発見に関する技術的事項についての指導，助言その他の市町村に対する必要な技術的援助を行う

🔑 関連 キーワード ・・・・・・・・・・・・・・・・・・・・・・・・・・・・・・・・・・

● **発達障害者支援センター**…発達障害の早期発見や家族に対する助言，発達障害者に対する専門的な発達支援および就労支援，医療・教育等の業務，関係団体との連絡調整などを行う施設

都道府県は発達障害者支援センターを設置することができます

実際には，全47都道府県に設置済み！

すっきり navi

■ 発達障害者支援法における主な用語

発達障害	自閉症，アスペルガー症候群その他の広汎性発達障害，学習障害，注意欠陥多動性障害その他これに類する脳機能の障害であってその症状が通常低年齢において発現するものとして政令で定めるものをいう
発達障害者	発達障害がある者であって発達障害および社会的障壁により日常生活または社会生活に制限を受けるものをいい，「発達障害児」とは，発達障害者のうち18歳未満のものをいう
発達支援	発達障害者に対し，その心理機能の適正な発達を支援し，および円滑な社会生活を促進するため行う個々の発達障害者の特性に対応した医療的，福祉的および教育的援助をいう
保育	市町村は，保育所における保育を行う場合や必要な保育を確保するための措置を講じる場合，発達障害児の健全な発達が他の児童と共に生活することを通じて図られるよう適切な配慮をするものとする
教育	国・地方公共団体は，発達障害児が，その年齢および能力に応じ，かつ，その特性を踏まえた十分な教育を受けられるようにするため，可能な限り発達障害児が発達障害児でない児童と共に教育を受けられるよう配慮しつつ，適切な教育的支援を行うこと，個別の教育支援計画の作成および個別の指導に関する計画の作成の推進，いじめの防止等のための対策の推進その他の支援体制の整備を行うことその他必要な措置を講じるものとする

第4章

☑ 理解度チェック

- □ **1** 市町村は，発達障害者の就労を支援するため必要な体制の整備に努めるとともに，公共職業安定所等との相互の連携を確保しつつ，発達障害者の特性に応じた就労の機会を確保しなければならない。
- □ **2** 市町村は，保育の実施に当たっては，発達障害児の健全な発達が他の児童と共に生活することを通じて図られるよう適切な配慮をするものとする。
- □ **3** 都道府県は，発達障害者支援センターを設置しなければならない。

解答

1. × 市町村ではなく国および都道府県／ 2. ○／ 3. × 都道府県は設置することができるが，義務ではない

61 児童等の定義

児童・家庭福祉にかかわる主な法律等における児童等の定義

法律等	名称	定義
児童福祉法	乳児	満1歳に満たない者
	幼児	満1歳から小学校就学の始期に達するまでの者
	少年	小学校就学の始期から，満18歳に達するまでの者
	児童	満18歳に満たない者
児童虐待防止法	児童	18歳に満たない者
母子及び父子並びに寡婦福祉法	児童	20歳に満たない者
母子保健法	未熟児	身体の発育が未熟のまま出生した乳児であって，正常児が出生時に有する諸機能を得るに至るまでのもの
	新生児	出生後28日を経過しない乳児
	乳児	1歳に満たない者
	幼児	満1歳から小学校就学の始期に達するまでの者
児童扶養手当法	児童	18歳に達する日以後の最初の3月31日までの間にある者または20歳未満で政令で定める程度の障害の状態にある者
少年法	少年	20歳に満たない者
子ども・子育て支援法	子ども	18歳に達する日以後の最初の3月31日までの間にある者
児童の権利に関する条約	児童	18歳未満のすべての者（ただし，その者に適用される法律により，より早く成年に達したものを除く）

すっきりnavi

■ 障害児等の定義

児童福祉法	障害児	身体に障害のある児童，知的障害のある児童，精神に障害のある児童（発達障害児を含む）または治療方法が確立していない疾病その他の特殊の疾病であって障害者総合支援法4条1項の政令で定めるもの（難病）による障害の程度が同項の主務大臣が定める程度である児童
特別児童扶養手当法	障害児	20歳未満であって，障害等級1級および2級に該当する程度の障害の状態にある者
	重度障害児	障害児のうち，政令で定める程度の重度の障害の状態にあるため，日常生活において常時の介護を必要とする者

第4章

児童等の定義は，国家試験でもよく出題されるよ

関連キーワード ・・・・・・・・・・・・・・・・・・・・・・・・・・・・・・

そのほかの年齢についての規定

● **民法**…年齢18歳をもって，成年とする

● **少年法**…「少年」とは，20歳に満たない者をいう。犯罪行為の有無や年齢により，犯罪少年，触法少年，虞犯少年，特定少年に分類される▶特集4

☑ 理解度チェック

□**1** 児童福祉法にいう乳児とは，2歳未満の者を意味する。
□**2** 母子及び父子並びに寡婦福祉法にいう児童とは，20歳未満の者を意味する。
□**3** 少年法では，「少年」を18歳に満たない者と定めている。

解答 ―――――――――――――――――――――――――

1. ✕ 1歳未満の者／ 2. ○／ 3. ✕ 20歳に満たない者

62 児童虐待防止法

LINK ▶▶▶ 54, 58

児童虐待防止法の変遷

● 「児童虐待の防止等に関する法律」（児童虐待防止法）は，2000年成立，2004年，2007年，2017年，2019年一部改正

● 2019年の法改正では，親権者等による体罰禁止の規定が設けられたほか，関係機関間の連携強化などが図られた（2020年4月1日施行）

児童虐待防止法における児童虐待の定義

● 保護者がその監護する児童（18歳未満の者）について行う4種の行為を定義 ▶ すっきりnavi

通告義務

● 児童虐待を受けたと思われる児童を発見した者は，速やかに，これを市町村，都道府県の設置する福祉事務所若しくは児童相談所又は児童委員を介して市町村，都道府県の設置する福祉事務所若しくは児童相談所に通告しなければならない（6条）

■ 児童相談所における児童虐待相談内容の内訳と主な虐待者（2021年度）

相談内容	件数
心理的虐待	124,724
身体的虐待	49,241
保護の怠慢・拒否	31,448
性的虐待	2,247
合　計	207,660

主な虐待者	割合
実母	47.5%
実父	41.5%
実父以外の父親	5.4%
実母以外の母親	0.5%
その他	5.2%

資料：厚生労働省「令和3年度　福祉行政報告例の概況」より作成

すっきりnavi

■ 児童虐待の定義

①身体的虐待	児童の身体に外傷が生じ，または生じるおそれのある暴行を加えること
②性的虐待	児童にわいせつな行為をすることまたは児童をしてわいせつな行為をさせること
③ネグレクト	児童の心身の正常な発達を妨げるような著しい減食または長時間の放置，保護者以外の同居人による①②または④に掲げる行為と同様の行為の放置その他の保護者としての監護を著しく怠ること
④心理的虐待	児童に対する著しい暴言または著しく拒絶的な対応，児童が同居する家庭における配偶者に対する暴力その他の児童に著しい心理的外傷を与える言動を行うこと

第4章

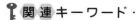

関連キーワード ……………………………………………

● **DV防止法（配偶者からの暴力の防止及び被害者の保護等に関する法律）**…急増する家庭内暴力に対処するため，2001年に制定

この法律において「配偶者からの暴力」とは，配偶者からの身体に対する暴力，またはこれに準ずる心身に有害な影響を及ぼす言動をいいます

「配偶者」には元配偶者や事実婚の相手，同居している恋人も含まれるよ

☑ 理解度チェック

□**1** 児童虐待防止法における児童虐待には，保護者が児童に著しい心理的外傷を与える言動を行うことが含まれる。

□**2** 児童虐待防止法における児童虐待には，「児童をしてわいせつな行為をさせること」は含まれない。

解答

1. ○／ 2. × 性的虐待に当たる（法2条二号）

63 母子保健法

母子保健法の概要

- 母性および乳幼児の健康の保持・増進を目的に，1965年制定
- 1994年改正（1997年施行）により，基本的な母子保健サービスを市町村に一元化

母子保健法による健康診査

- 市町村は，健康診査を行わなければならない。財源は市町村の支弁

■健康診査の対象

1歳6か月児健診	満1歳6か月を超え，満2歳に達しない幼児
3歳児健診	満3歳を超え，満4歳に達しない幼児

🕯️ 関連キーワード ･････････････････････････････････

- **母子健康手帳**…市町村長に妊娠の届出をすると交布される手帳で，小学校入学前までの健康管理に利用される
- **地域保健法**…1994年成立。保健所法が改正されたもので，基本的な対人保健サービスが市町村に移管された
- **母子健康包括支援センター（2024年4月よりこども家庭センター）**…母子保健に関する各種相談，保健指導，助産などを行うことを目的とする施設。設置は市町村の努力義務

市町村は，妊娠の届出をした者には，母子健康手帳を交付しなければなりません

すっきりnavi

■疾病・障害の早期発見のための取組み

訪問指導	主に助産師を家庭に訪問させ指導を行う妊産婦訪問指導，助産師や保健師などを家庭訪問させ指導を行う新生児訪問指導，低出生体重児や未熟児のいる家庭を保健師，助産師，医師などが訪問し指導を行う未熟児訪問指導がある
マス・スクリーニング検査（先天性代謝異常等検査）	新生児を対象に，フェニルケトン尿症などの先天性代謝異常や，クレチン症（先天性甲状腺機能低下症）などの早期発見・治療を目的として行われる

🔑 関連キーワード ・・・・・・・・・・・・・・・・・・・・・・・・・・・・・・・・・・・

● **養育医療**…市町村が，養育のため病院または診療所に入院することを必要とする未熟児に対して給付する医療。原則，現物給付だが，困難な場合に限り，養育医療に要する費用を支給する。給付範囲は，①診察，②薬剤または治療材料の支給，③医学的処置，手術およびその他の治療，④病院または診療所への入院およびその療養に伴う世話その他の看護，⑤移送

☑ 理解度チェック

- □**1** 市町村は，妊娠の届出をした者に対して母子健康手帳を交付しなければならない。
- □**2** 市町村は，母子健康包括支援センターを設置しなければならない。
- □**3** 市町村は，満1歳を超え満1歳6か月に達しない幼児に健康診査を行わなければならない。

解答

1. ○／ 2. × 設置は努力義務／ 3. × 満1歳6か月を超え，満2歳に達しない幼児に1歳6か月児健康診査を行わなければならない

64 売春防止法

売春防止法の概要

- 売春の防止を目的に，1956年制定
- 要保護女子（売春を行うおそれのある女子）の保護更生等によって売春を防止することを目的とする
- 売春等の罪を犯した満20歳以上の女子に対して，補導処分に付すことを規定
- 売春を防止する理由として，以下の3点を指摘
  ① 人としての尊厳を害する
  ② 性道徳に反する
  ③ 社会の善良の風俗をみだす
- 婦人相談所，婦人保護施設，婦人相談員などについて規定▶すっきりnavi
- 2024年4月から「困難な問題を抱える女性への支援に関する法律」が施行され，女性支援・保護施策の根拠法は同法に移行し，売春防止法の補導処分にかかわる規定は削除される

🔑 関連キーワード ・・

- **出会い系サイト規制法（インターネット異性紹介事業を利用して児童を誘引する行為の規制等に関する法律）**…2003年に制定。出会い系サイトを利用して児童を性交等の相手方となるように誘引する行為等を禁止。出会い系サイトについて必要な規制を行うこと等により，出会い系サイトの利用に起因する児童買春その他の犯罪から児童を保護し，もって児童の健全な育成に資することが目的。2008年には，出会い系サイトを運営する事業者に，事務所の所在地を管轄する警察署長を経由して公安委員会に届け出ることを義務付けるなど，規制の強化を図る改正が行われた

すっきりnavi

■ 婦人相談所，婦人保護施設，婦人相談員の役割

婦人相談所	○要保護女子に関する各般の問題につき，相談に応ずる ○要保護女子およびその家庭につき，必要な調査ならびに医学的・心理学的および職能的判定ならびに指導を行う ○要保護女子の一時保護を行う
婦人保護施設	○都道府県が設置することができる，要保護女子を収容保護するための施設 ○入所者の自立を支援するため，入所者の就労および生活に関する指導・援助を行う ○要保護女子だけでなく，家庭環境の破綻や生活の困窮など，さまざまな事情により社会生活を営むうえで困難な問題を抱えている女性も保護の対象 ○配偶者からの暴力の被害者の保護を行う
婦人相談員	○要保護女子につき，その発見に努め，相談に応じ，必要な指導を行い，およびこれらに附随する業務を行う

DV防止法に規定される配偶者暴力相談支援センターもあります。DV防止法において，婦人相談所は，配偶者暴力相談支援センターとしての機能も果たすとされています

☑ 理解度チェック

□1 売春防止法では，市町村に対し，婦人相談所の設置義務を課している。
□2 婦人相談所には，要保護女子を一時保護する施設を設けなければならない。

解答

1. × 都道府県に課せられている／ 2. ○

65 少子化対策

少子化対策の出発点

- 1.57ショック…1989年に，合計特殊出生率がそれまでで最低の1.57を記録して以来，わが国の少子化対策は緊急の課題となった

少子化社会対策大綱

- 内閣府に設置された少子化社会対策会議で作成された案を基に，2004年に策定。3つの視点をもとに4つの重点課題がまとめられた

■少子化社会対策大綱の概要

3つの視点	4つの重点課題
・自立への希望と力 ・不安と障壁の除去 ・子育ての新たな支え合いと連帯	・若者の自立とたくましい子どもの育ち ・仕事と家庭の両立支援と働き方の見直し ・生命の大切さ，家庭の役割等についての理解 ・子育ての新たな支え合いと連帯

- 上記の4つの重点課題に沿って，子ども・子育て応援プラン（2005〜2009年度），2010年度には子ども・子育てビジョンが策定された
- 2020年5月には新しい少子化社会対策大綱が策定された

こども家庭庁の発足（2023年4月）

- 「こども家庭庁設置法」と「こども家庭庁設置法の施行に伴う関係法律の整備に関する法律」が成立し，こども家庭庁が発足した
- こども家庭庁は，「企画立案・総合調整部門」「成育部門」「支援部門」の大きく3つの部門からなる

☑ 理解度チェック

- □1 1989年に，合計特殊出生率がそれまでで最低の（　　　）を記録した。
- □2 少子化社会対策会議は，（　　　）に設置されている。

解答

1. 1.57。なお，2022年の合計特殊出生率は1.26（3年連続低下）／ 2. 内閣府

すっきりnavi

■ 子育て支援対策の経緯

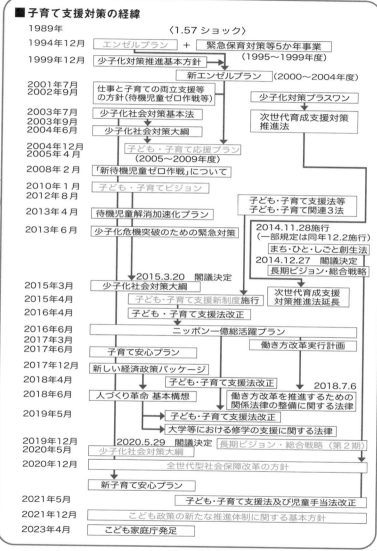

1989年	〈1.57ショック〉
1994年12月	エンゼルプラン ＋ 緊急保育対策等5か年事業（1995〜1999年度）
1999年12月	少子化対策推進基本方針
	新エンゼルプラン（2000〜2004年度）
2001年7月 2002年9月	仕事と子育ての両立支援等の方針（待機児童ゼロ作戦等）
	少子化対策プラスワン
2003年7月	少子社会対策基本法
	次世代育成支援対策推進法
2003年9月 2004年6月	少子化社会対策大綱
2004年12月 2005年4月	子ども・子育て応援プラン（2005〜2009年度）
2008年2月	「新待機児童ゼロ作戦」について
2010年1月 2012年8月	子ども・子育てビジョン
	子ども・子育て支援法等 子ども・子育て関連3法
2013年4月	待機児童解消加速化プラン
2013年6月	少子化危機突破のための緊急対策
	2014.11.28施行（一部規定は同年12.2施行）まち・ひと・しごと創生法
	2014.12.27 閣議決定 長期ビジョン・総合戦略
2015年3月	2015.3.20 閣議決定 少子化社会対策大綱
2015年4月	子ども・子育て支援新制度施行 次世代育成支援対策推進法延長
2016年4月	子ども・子育て支援法改正
2016年6月	ニッポン一億総活躍プラン
2017年3月 2017年6月	働き方改革実行計画
	子育て安心プラン
2017年12月	新しい経済政策パッケージ
2018年4月	子ども・子育て支援法改正 2018.7.6
2018年6月	人づくり革命 基本構想 働き方改革を推進するための関係法律の整備に関する法律
2019年5月	子ども・子育て支援法改正 大学等における修学の支援に関する法律
2019年12月 2020年5月	2020.5.29 閣議決定 長期ビジョン・総合戦略（第2期）少子化社会対策大綱
2020年12月	全世代型社会保障改革の方針
	新子育て安心プラン
2021年5月	子ども・子育て支援法及び児童手当法改正
2021年12月	こども政策の新たな推進体制に関する基本方針
2023年4月	こども家庭庁発足

第4章

資料：内閣府「令和4年版 少子化社会対策白書」を一部改変

66 イギリスの公的扶助制度

LINK ▶▶▶ 22

エリザベス救貧法

- 1601年にエリザベス救貧法制定。貧民を3種類に分ける
- 有能貧民…健康で労働可能な者➡強制労働
- 無能力貧民…労働不可能な者➡救貧院（アームズハウス）に収容
- 児童…保護者のいない貧困児➡徒弟奉公

新救貧法

- 1834年に新救貧法（改正救貧法）制定
- 均一処遇の原則…救貧行政を中央集権化し，救貧水準を全国一律化
- ワークハウス・システム…労働能力のある貧民をワークハウスに収容し，強制的に就労（院外救済の禁止）
- 劣等処遇の原則…貧民の救済は，労働者の最低生活水準を超えない

2つの貧困調査

- ブースとラウントリーの貧困調査により，貧困対策の必要性が明らかになる

ロンドン調査	ブースが1886年から行った貧困調査 ①ロンドン市民の約3割が貧困線以下の生活 ②貧困は低賃金，疾病，多子等の環境が原因 ③貧困と人口に深いかかわりがある ④貧困問題は宗教活動による対応では解決できない 『ロンドン市民の生活と労働』（1902～1903年）
ヨーク調査	ラウントリーが1899年に行った貧困調査 ①マーケット・バスケット方式により調査 ②第一次貧困（肉体的能率を維持できない家庭）と第二次貧困（生活費以外の支出がなければ貧困線以上の家庭）に区分 ③「第一次」「第二次」以下の家庭が約28％と判明 ④ライフサイクルの観点から貧困状態に陥る時期が，子の養育期と高齢期であること 『貧困―都市生活の研究』（1901年）

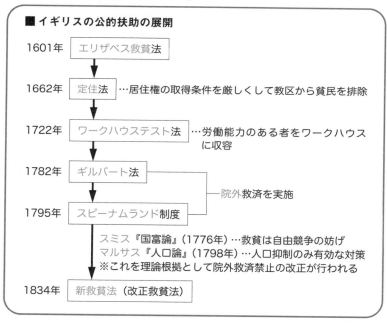

■ イギリスの公的扶助の展開

1601年　エリザベス救貧法

1662年　定住法　…居住権の取得条件を厳しくして教区から貧民を排除

1722年　ワークハウステスト法　…労働能力のある者をワークハウスに収容

1782年　ギルバート法　┐
　　　　　　　　　　　├─院外救済を実施
1795年　スピーナムランド制度　┘

スミス『国富論』（1776年）…救貧は自由競争の妨げ
マルサス『人口論』（1798年）…人口抑制のみ有効な対策
※これを理論根拠として院外救済禁止の改正が行われる

1834年　新救貧法（改正救貧法）

第4章

☑ 理解度チェック

□1 エリザベス救貧法（1601年）では，救済の対象者を労働能力のある貧民，労働能力のない貧民，親が扶養できないとみなされる児童の3つに分類した。

□2 ギルバート法（1782年）は，労役場内での救済に限定することを定めた。

□3 新救貧法では，「働く能力のある貧民」に対しては，院外救済を原則とした。

□4 ラウントリーはヨーク調査で，結婚前の20歳代前半層に貧困が集中することを発見した。

□5 ロンドンで貧困調査を実施したブースは，肉体的能率を維持するのに必要な栄養量を基本としながら貧困を定義した。

解答

1. ○／ 2. ✕ 労役場外での救済を実施した／ 3. ✕ 新救貧法では院外救済を禁止した／ 4. ✕ 貧困が集中するのは子育て期と老年期である／ 5. ✕ 記述は，ラウントリーのヨーク調査

67 わが国の公的扶助制度

LINK ▶▶▶ 68

わが国の公的扶助の発展

	恤 救 規則	救護法	旧生活保護法	生活保護法
制定	1874（明治7）年	1929（昭和4）年 ※実施は1932年	1946（昭和21）年	1950（昭和25）年
特徴	・道義・倫理による惰民観に基づくものであった ・人民相互の助け合いを優先していた	・居宅保護を原則とした制限扶助主義 ・救護機関，救護施設，救護費，扶助の種類などを設けた ・国の扶養補助	・国家責任による保護の実施を明文化 ・積極的な保護請求権を否定 ・保護の実施機関は市町村長	・憲法25条に規定する生存権の理念に基づくことを明文化 ・保護請求権確立 ・不服申立て制度
対象	「無告の窮民」 →廃疾・重病・老衰・疾病のために働くことのできない極貧の独身者 →身寄りのない貧しい児童	・65歳以上の老衰者，13歳以下の幼者，妊産婦，乳幼児を養育する母，傷病その他精神または身体の障害により労務を行うのに支障のある者	・原則として無差別平等だが，欠格条項あり（怠惰・素行不良） ・除外規定あり（扶養能力を有する扶養義務者のある場合）	・無差別平等で，欠格条項なし
内容	対象者の状況に応じて，米代を支給	4種類の扶助 （生活・医療・助産・生業）と埋葬費	5種類の扶助 （生活・医療・助産・生業・葬祭）	8種類の扶助 （生活・医療・出産・生業・葬祭・住宅・教育・介護※）
実施機関	国	市町村長	市町村長	都道府県知事，市長，福祉事務所を設置する町村長
補助機関		方面委員	民生委員	社会福祉主事 （民生委員は協力機関）

※介護扶助は，2000年の改正により新たに加わった

すっきりnavi

■ わが国の公的扶助の発展

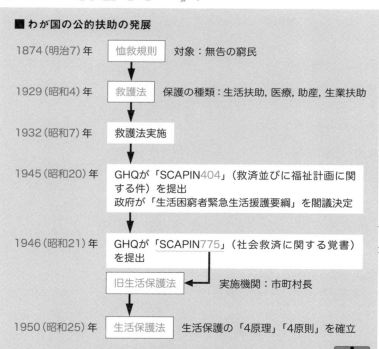

1874（明治7）年　恤救規則　　対象：無告の窮民

↓

1929（昭和4）年　救護法　　保護の種類：生活扶助，医療，助産，生業扶助

↓

1932（昭和7）年　救護法実施

↓

1945（昭和20）年　GHQが「SCAPIN404」（救済並びに福祉計画に関する件）を提出
政府が「生活困窮者緊急生活援護要綱」を閣議決定

↓

1946（昭和21）年　GHQが「SCAPIN775」（社会救済に関する覚書）を提出

旧生活保護法 ← 実施機関：市町村長

↓

1950（昭和25）年　生活保護法　　生活保護の「4原理」「4原則」を確立

☑ 理解度チェック

☐**1** 恤救規則（1874〔明治7〕年）は，政府の救済義務を優先した。

☐**2** 救護法は市町村を実施主体とする公的扶助義務主義を採用したが，要救護者による保護請求権は認めなかった。

☐**3** 旧生活保護法の制定により，民生委員は協力機関として位置付けられ，現在に至っている。

☐**4** 現行生活保護法における保護の実施機関は，厚生労働省の地方厚生局である。

解答

1. ✕ 人民相互の助け合いを優先した／ 2. ○／ 3. ✕ 旧生活保護法では民生委員は補助機関とされていた／ 4. ✕ 都道府県知事，市長，福祉事務所を設置する町村長である

68 生活保護の基本原理・原則

LINK ▶▶▶ 67

生活保護の趣旨

- 生活保護は，日本国憲法の生存権（25条）に基づく制度である
- 生存権…国民は健康で文化的な最低限度の生活を営む権利を有する
- 生活保護は貧困状態に陥った人を救済する救貧的機能を持つ

■4つの基本原理

原理	内容
国家責任	最低限度の生活を保障，自立助長
無差別平等	無差別平等に保護を支給
最低生活	最低限度の生活を保障
保護の補足性	扶養義務者の扶養や他法他施策を活用して不足分を保護

■生活保護の原則

原則	内容
申請保護	要保護者，扶養義務者，同居の親族の申請が原則
基準及び程度	厚生労働大臣の定める基準により保護の程度を決定
必要即応	要保護者の年齢別，性別，健康状態等に即して行う
世帯単位	保護は世帯単位が原則

🔑関連キーワード ･･･････････････････････････････････

基本原理・原則の留意事項

- **無差別平等**…「この法律の定める要件を満たす限り」という前提あり。外国人は保護請求権や不服申立ては認められない
- **扶養義務者**…直系血族や兄弟姉妹。家庭裁判所の判断により3親等内の親族も扶養義務が発生
- **申請保護**…要保護者が急迫→福祉事務所長の判断で職権保護を行う
- **世帯単位**…同一世帯でも別世帯として扱うことがある（世帯分離）

すっきり navi

■基本原理・原則に基づく生活保護の流れ

相談 福祉事務所へ

┌─ 申請保護の原則

申請 本人・扶養義務者・同居の親族 による申請を原則
※急迫した状態等の場合は，福祉事務所長の判断で保護開始
（職権保護）

調査 資力調査

┌─ 世帯単位の原則

判定 世帯 収入が国の定める基準（最低生活費）を下回る場合，保護と判定
※保護の要否を決めるための 基準 と保護費の 程度 を決める
ための尺度
└─ 基準及び程度の原則

最低 生活費 （基準額）	↕ 不足分 給付 世帯収入	保護開始 ⇒	最低 生活費 （基準額）	保護費 給付 世帯収入

※保護費は 世帯収入＋他法他施策の給付を優先 したうえで不足分
を支給
└─ 保護の補足性の原理

決定 生活保護の開始または申請却下

☑ 理解度チェック

□**1** 保護基準は，社会保障審議会が定める。
□**2** 保護の申請は，要保護者，その扶養義務者のほか，要保護者の同居の親族が
することができる。
□**3** 保護は申請行為が前提とされ，申請によらない保護は行われない。
□**4** 生活保護の適用は個人単位を原則とし，これによりがたいときは世帯単位で
行う。

解答

1. × 社会保障審議会ではなく厚生労働大臣／ 2. ○／ 3. × 職権保護により保護が
可能／ 4. × 世帯単位を原則とする

69 生活保護の種類

生活保護の種類

●生活保護法による最低限度の保障は，8種類の扶助により実施

■8種類の扶助の特徴と給付方法（原則）

扶助	給付方法	扶助の内容
生活扶助	金銭給付	基準生活費（第1類，第2類），各種加算，期末一時扶助，一時扶助など
教育扶助	金銭給付	義務教育に必要な教科書，その他学用品や通学用品，学校給食費など
住宅扶助	金銭給付	家賃・間代・地代，住宅維持費（住居のある被保護者が対象）
医療扶助	現物給付	診察，薬剤，治療材料，医学的処置，手術その他の治療や施術（鍼・灸など），移送など
介護扶助	現物給付※	居宅介護，福祉用具，住宅改修，施設介護，介護予防，介護予防・日常生活支援など（介護保険と同一内容）
出産扶助	金銭給付	分娩介助，分娩前および分娩後の処置，その他衛生材料費
生業扶助	金銭給付	生業に必要な資金，器具または資料，技能の修得や就労資金
葬祭扶助	金銭給付	検案，死体の運搬，火葬または埋葬，納骨その他葬祭に最低限必要な経費

※福祉用具や住宅改修などは，金銭給付によって支給される

生活保護を受けている被保護実人員の総数202万4,586人のうち，87.3％が生活扶助，85.8％が住宅扶助，84.3％が医療扶助を受給しています（令和4年度被保護者調査）

すっきりnavi

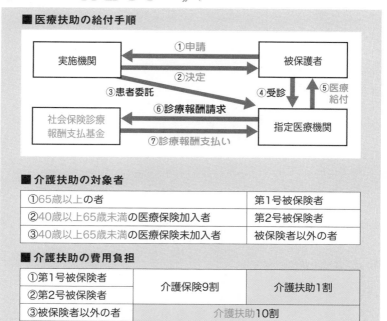

■ 医療扶助の給付手順

実施機関

①申請
②決定
③患者委託
⑥診療報酬請求

被保護者

④受診
⑤医療給付

社会保険診療報酬支払基金

⑦診療報酬支払い

指定医療機関

■ 介護扶助の対象者

①65歳以上の者	第1号被保険者
②40歳以上65歳未満の医療保険加入者	第2号被保険者
③40歳以上65歳未満の医療保険未加入者	被保険者以外の者

■ 介護扶助の費用負担

①第1号被保険者	介護保険9割	介護扶助1割
②第2号被保険者	介護保険9割	介護扶助1割
③被保険者以外の者	介護扶助10割	

☑ 理解度チェック

□1 生業扶助には，就職のための就職支度費は含まれない。

□2 教育扶助は，高校や大学での修学にも対応できるよう，義務教育終了後においても支給される。

□3 2000（平成12）年度以降の生活保護の全国的な動向によると，介護扶助人員は，一貫して増加している。

□4 被保護者が，入退院，通院をした場合に要した交通費は，生活扶助に含まれる。

□5 出産扶助は，金銭給付によって行うことを原則とする。

解答

1. ✕ 含まれる／2. ✕ 義務教育に伴う費用に限定／3. ○／4. ✕ 医療扶助に含まれる／5. ○

70 生活扶助基準&最低生活費

生活扶助基準の設定

● 最低生活水準…生活保護法で「健康で文化的な最低限度の生活水準」と規定

■ 生活扶助基準の設定方法の変遷

年代	方式
1948（昭和23）年	マーケット・バスケット方式…消費物資等を合算
1961（昭和36）年～	エンゲル方式…消費支出総額に占める飲食物費の割合
1965（昭和40）年～	格差縮小方式…消費支出の伸び率が基礎
1984（昭和59）年～	水準均衡方式…前年までの消費水準と調整

● 2013年に見直しが行われ，生活保護基準額等は2013年度から3年間かけて段階的に引き下げられた

■ 生活扶助の費用の内訳

基準生活費	第1類（飲食費，被服費など）と第2類（光熱費，家具什器など＋地区別冬季加算）からなる
入院患者日用品費	病院または診療所に入院している被保護者の生活費
介護施設入所者基本生活費	介護施設に入所している被保護者の生活費
救護施設等基準生活費	保護施設に入所している被保護者の生活費
期末一時扶助	年末（12月）における特別需要に対応
一時扶助	保護開始時，入学・入退院などに際し，必要不可欠なものを欠いており，なおかつ，緊急でやむを得ない場合に限る
各種加算	妊産婦加算，母子加算，障害者加算，介護施設入所者加算，在宅患者加算，放射線障害者加算，児童養育加算，介護保険料加算からなる

🔑 関連キーワード ……………………………………………

● 級地区分…全国の市町村を物価などによる生活水準の差によって3つの級地に分け，さらに，それぞれを2区分として，合計6区分に分類したもの

● 冬季加算…冬季間の燃料代等にかかる費用。11～3月の間支給（都道府県別にⅠ～Ⅵ区に区分された金額を支給）

すっきりnavi

■**生活保護費の決め方**

（最低生活費の計算）

生活扶助		住宅扶助		教育扶助
生活費	＋	家賃等	＋	義務教育費

		介護扶助		医療扶助
＋		介護費	＋	医療費	＝最低生活費

（収入充当額の計算）

平均月額収入－（必要経費の実費＋各種控除）＝収入充当額

（扶助額の計算）

最低生活費－収入充当額＝扶助額

出典：厚生労働省「令和5年版 厚生労働白書 資料編」

 生活扶助基準第1類（個人的経費）は，所在地域区分ごと，年齢ごとに設定されています。生活扶助基準第2類（世帯共通的経費）は，世帯人員別に設定されています

☑ **理解度チェック**

□**1** 生活扶助基準は，マーケット・バスケット方式によって設定される。

□**2** 生活扶助基準は，世帯共通的経費である第1類費，個人的経費である第2類費，さらに特別の需要のある者への各種加算とから構成されている。

□**3** 生活扶助の冬季加算は，11月から翌年3月までの5か月間行われる。

解答

1．✕ 水準均衡方式によって設定される／2．✕ 第1類は個人，第2類は世帯／3．◯

71 自立支援プログラム

LINK ▶▶▶ 81

自立支援プログラムの特徴

- 実施機関が管内の被保護世帯全体の状況を把握
- 被保護者の状況や自立阻害要因を類型化し，それぞれの類型ごとに対応する具体的内容と手順を定めた個別支援プログラムを策定
- 個別支援プログラムに基づき，個々の被保護者に必要な支援を組織的に実施

■自立の概念

経済的自立	就労による経済的自立
日常生活自立	身体や精神の健康を回復・維持し，健康・生活管理をするなど日常生活において自立した生活を送ること
社会生活自立	社会的なつながりを回復・維持し，地域社会の一員として充実した生活を送ること

予算事業から法定化された事業へ

- 自立支援プログラムのうち，効果の高い事業は，法定化された事業へと転換された
- 生活保護法の被保護者就労支援事業や被保護者就労準備支援事業，生活困窮者自立支援法の生活困窮者就労準備支援事業や生活困窮者職業訓練事業などがある

被保護者就労準備支援事業(一般事業分)

- 生活困窮者自立支援法に基づく就労準備支援事業に相当する事業として実施している
- 就労に向けた複合的な課題を抱え，直ちに就職することが困難な被保護者のうち，社会参加に必要な基礎技能等を習得することで就労が見込まれる者を対象としている
- 原則1名以上の被保護者就労準備支援担当者が配置される

すっきりnavi

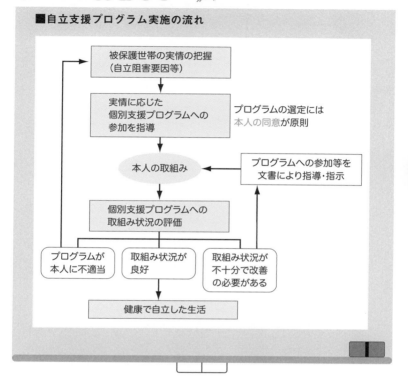

自立支援プログラム実施の流れ

被保護世帯の実情の把握
（自立阻害要因等）

↓

実情に応じた
個別支援プログラムへの
参加を指導

プログラムの選定には
本人の同意が原則

↓

本人の取組み

← プログラムへの参加等を
文書により指導・指示

↓

個別支援プログラムへの
取組み状況の評価

プログラムが
本人に不適当

取組み状況が
良好

取組み状況が
不十分で改善
の必要がある

↓

健康で自立した生活

第4章

☑ 理解度チェック

□**1** 自立支援プログラムは，就労による経済的自立のみならず，日常生活自立，社会生活自立など多様な課題に対応するものである。

□**2** 自立支援プログラムの支援対象者に対する「説明・同意」は，生活保護申請時に行われる。

□**3** 被保護者就労準備支援事業（一般事業分）に，日常生活自立に関する支援は含まれない。

解答

1. ○／ 2. × 被保護者として要否が決定していない保護申請時には行わない／

3. × 日常生活自立，社会生活自立，経済的自立に関する支援が含まれている

72 生活福祉資金貸付制度

実施主体と貸付対象

- 実施主体は都道府県社会福祉協議会（一部を市町村社会福祉協議会に委託）
- 経済的な援助に合わせて，民生委員が借受け世帯の相談支援を行う

■ 貸付対象世帯

低所得世帯	必要な資金をほかから借り受けることが困難な世帯（市町村民税非課税程度）
障害者世帯	身体障害者手帳，療育手帳，精神障害者保健福祉手帳の交付を受けた者等の属する世帯
高齢者世帯	日常生活上療養または介護を要する65歳以上の高齢者の属する世帯

■ 生活福祉資金の種類

総合支援資金	生活支援費	生活再建までの間に必要な生活費用
	住宅入居費	敷金，礼金等住宅の賃貸契約を結ぶために必要な費用
	一時生活再建費	生活を再建するために一時的に必要かつ日常生活費で賄うことが困難である費用（就職準備や債務整理など）
福祉資金	福祉費	生業を営む，技能習得，住宅の増改築，福祉用具等の購入，負傷または疾病の療養，介護サービスや障害者サービス等を受ける，災害を受けた，冠婚葬祭，住居の移転などのために必要な経費
	緊急小口資金	緊急かつ一時的に生計の維持が困難となった場合に貸し付ける少額の費用
教育支援資金	教育支援費	低所得世帯に属する者が高等学校，大学または高等専門学校に修学するために必要な経費
	就学支度費	低所得世帯に属する者が高等学校，大学または高等専門学校への入学に際し必要な経費
生活資金（不動産担保型）	不動産担保型生活資金	低所得の高齢者世帯に対し，一定の居住用不動産を担保として生活資金を貸し付ける資金
	要保護世帯向け不動産担保型生活資金	要保護の高齢者世帯に対し，一定の居住用不動産を担保として生活資金を貸し付ける資金

すっきりnavi

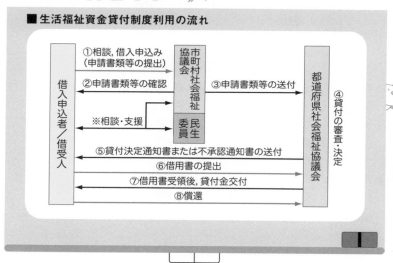

■ 生活福祉資金貸付制度利用の流れ

🔑 関連キーワード

- **臨時特例つなぎ資金貸付制度**…2009年10月創設。実施主体は都道府県社会福祉協議会。住居のない離職者に対し，失業等給付や住宅手当等の交付を受けるまでのつなぎとして生活費を貸し付ける
- **生活復興支援資金貸付**…2011年5月創設。東日本大震災により被災した低所得世帯を対象とした特例措置。生活福祉資金貸付制度の福祉費から貸し付ける

☑ 理解度チェック

- □**1** 生活福祉資金の貸付は，市町村社会福祉協議会が行うものであるが，その一部を都道府県社会福祉協議会に委託することができる。
- □**2** 生活福祉資金は重複貸付が禁止されているため，総合支援資金の貸付を受けた場合，教育支援資金の貸付を受けることはできない。
- □**3** 生活福祉資金貸付制度は，市町村社会福祉協議会を通じて借入れを申し込むことができる。

解答

1. ✕ 実施主体は，都道府県社会福祉協議会／ 2. ✕ 重複貸付を認めている／ 3. ○

73 ホームレスの動向

ホームレスの自立の支援等に関する特別措置法

● **ホームレスの定義**…都市公園，河川，道路，駅舎その他の施設を故なく起居の場所とし，日常生活を営んでいる者

● **基本方針**…厚生労働大臣および国土交通大臣は，ホームレスの実態に関する全国調査を踏まえ，ホームレスの自立の支援等に関する基本方針を策定しなければならない

● **実施計画**…都道府県は，ホームレスに関する施策を実施する場合，基本方針に即して当該施策の計画を策定しなければならない

● **全国調査**…国は，地方公共団体の協力を得て，ホームレスの実態に関する全国調査を行わなければならない

ホームレスの自立の支援等に関する基本方針

● 基本方針は，次に掲げる事項について策定する

> ① ホームレスの就業の機会・居住場所・保健および医療等の確保に関する相談および指導に関する事項
> ② ホームレス自立支援事業等の実施に関する事項
> ③ ホームレスになる恐れのある者への生活支援に関する事項
> ④ ホームレスに対する緊急援助，生活保護の実施，人権擁護，生活環境の改善および安全の確保に関する事項
> ⑤ ホームレスの自立支援等を行う民間団体との連携に関する事項
> ⑥ そのほか，ホームレスの自立の支援等に関する基本的な事項

> 令和5年のホームレスの実態に関する全国調査（概数調査）結果によると，ホームレス数が最も多かったのは大阪府で，次いで多かったのは東京都でした。東京都23区及び政令指定都市で全国のホームレス数の8割弱を占めています

すっきりnavi

■ 全国のホームレス数の推移

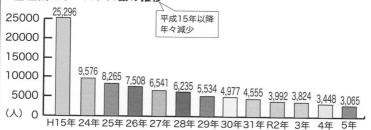

平成15年以降
年々減少

■ 都道府県別（上位）のホームレス数

平成15年調査		平成30年調査		平成31年調査		令和4年調査		令和5年調査	
大阪府	7,757人	東京都	1,242人	東京都	1,126人	大阪府	966人	大阪府	888人
東京都	6,361人	大阪府	1,110人	大阪府	1,064人	東京都	770人	東京都	661人
愛知県	2,121人	神奈川県	934人	神奈川県	899人	神奈川県	536人	神奈川県	454人

■ 起居場所別のホームレス数

	合計	都市公園	河川	道路	駅舎	その他施設
平成15年調査	25,296人 (100.0%)	10,310人 (40.8%)	5,906人 (23.3%)	4,360人 (17.2%)	1,254人 (5.0%)	3,466人 (13.7%)
平成31年調査	4,555人 (100.0%)	1,035人 (22.7%)	1,380人 (30.3%)	850人 (18.7%)	236人 (5.2%)	1,054人 (23.1%)
令和5年調査	3,065人 (100.0%)	771人 (25.2%)	719人 (23.5%)	678人 (22.1%)	190人 (6.2%)	707人 (23.1%)

資料：厚生労働省「ホームレスの実態に関する全国調査（概数調査）」

☑ 理解度チェック

□1 ホームレスとは，「ホームレスの自立の支援等に関する特別措置法」において，「都市公園，河川，道路，駅舎その他の施設を故なく起居の場所として日常生活を営んでいる者」であると定義されている。

□2 「ホームレスの実態に関する全国調査（概数調査）」によると，ホームレスの総数は平成15年調査と比較して令和5年調査では増加している。

□3 2023年に実施された「ホームレスの実態に関する全国調査（概数調査）」で，ホームレスの数を起居場所別にみると，「都市公園」が最も多い。

解答

1. ○／2. ✕ 減少している／3. ○

74 高額療養費制度

LINK ▶▶▶ 44

高額療養費制度のポイント

● 医療費の自己負担が一定額（自己負担限度額）を超えた場合に，その超えた金額が，後日払い戻される制度

● 保険外併用療養費の差額分や入院時食事療養費，入院時生活療養費の自己負担額は対象外

● 被保険者，被扶養者ともに1人1か月の自己負担額は，所得，年齢に応じて算出

> 70歳未満では，高額療養費の自己負担限度額に達しない場合でも，同一月に同一世帯で2万1,000円を超えるものが2件以上生じた時は，合算して自己負担限度額を超過した額が払い戻されます

> 70歳未満では，同じ人が同じ月に2か所以上の医療機関を受診し，それぞれが2万1,000円以上になった場合も合算できるんだよね

🔑 関連キーワード ･･･

● **多数該当**…同一世帯で，1年間に3回以上高額療養費の支給を受けている場合は，4回目からは自己負担限度額が引き下げられる仕組み

● **高額介護合算療養費制度**…同一世帯内に介護保険の受給者がいる場合，毎年8月から1年間にかかった医療保険と介護保険の自己負担を合計し，基準額を超えた場合に，その超えた金額を支給する制度

☑ 理解度チェック

□**1** 高額療養費における自己負担額の「世帯合算」では，被保険者と被扶養者の住所が異なっていても合算できる。

□**2** 高額療養費は，1年間に被保険者が支払った健康保険と介護保険の自己負担額の合計が基準額を超えた場合に支給される。

解答

1. ○／2. ✕ 記述は，高額介護合算療養費

■医療費の自己負担限度額（70歳未満，1か月当たり）

所得区分	自己負担限度額	多数該当限度額
区分ア（標準報酬月額83万円以上）	25万2,600円＋（総医療費−84万2,000円）×1%	14万100円
区分イ（標準報酬月額53万〜79万円）	16万7,400円＋（総医療費−55万8,000円）×1%	9万3,000円
区分ウ（標準報酬月額28万〜50万円）	8万100円＋（総医療費−26万7,000円）×1%	4万4,400円
区分エ（標準報酬月額26万円以下）	5万7,600円	4万4,400円
区分オ（市区町村民税非課税世帯等）	3万5,400円	2万4,600円

■医療費の自己負担限度額（70歳以上，1か月当たり）（2018年8月から）

	区分（年収）	外来（個人）	限度額（世帯）
現役並み	年収約1,160万円〜 標準報酬月額83万円以上 課税所得690万円以上	25万2,600円＋（医療費−84万2,000円）×1% 〈「多数回」該当：14万100円〉＊	
	年収約770万〜約1,160万円 標準報酬月額53万円以上 課税所得380万円以上	16万7,400円＋（医療費−55万8,000円）×1% 〈「多数回」該当：9万3,000円〉	
	年収約370万〜約770万円 標準報酬月額28万円以上 課税所得145万円以上	8万100円＋（医療費−26万7,000円）×1% 〈「多数回」該当：4万4,400円〉	
一般	年収156万〜約370万円 標準報酬月額26万円以下 課税所得145万円未満等	1万8,000円（年間上限14万4,000円）	5万7,600円〈多数該当：4万4,400円〉
非課税 住民税等	Ⅱ 住民税非課税世帯	8,000円	2万4,600円
	Ⅰ 住民税非課税世帯（年金収入80万円以下など）		1万5,000円

＊〈　〉過去12か月以内に3回以上，上限額に達した場合は，4回目から「多数回」該当となり，上限額が下がる

第4章

診療報酬制度の概要

- 診療報酬とは，保険診療の際，国によって定められている診察や検査の料金，薬の価格等（全国一律）。2年ごとに改定
- 診療報酬は，診療報酬点数表に基づいて計算され，点数で表される（1点10円）
- 診療報酬には「医科診療報酬」「歯科診療報酬」「調剤報酬」の3種類がある
- 「診療報酬の基準」は，厚生労働大臣が中央社会保険医療協議会に諮問して決定されることとなっており，近年は，おおむね2年ごとに大幅な改定が行われている
- わが国では，医療行為ごとに診療報酬の点数を合算して請求する出来高払い方式が基本。しかし，医療費高騰が懸念されるとして，近年，診療内容にかかわらず一定の額を支払う包括（定額）払い方式が拡大傾向にある

出来高払い方式は過剰診療を招きやすく，包括払い方式は粗雑診療になりやすいと危惧する見方もあります

🔑 関連キーワード ・・・・・・・・・・・・・・・・・・・・・・・・・・・・・・・・・・・・・

- **診断群分類点数表**…DPC点数表。急性期病院における入院医療を診断群分類ごとに包括評価したもの
- **薬価基準**…診療の際に使用した薬剤の費用も，診療報酬として保険者に請求する。その薬剤価格（薬価）を収載したものが薬価基準。薬価は，点数ではなく金額で表示されているが，診療報酬の請求は点数に換算して行われる
- **保険診療**…医療保険の中で診察や治療が行われること ▶すっきりnavi

すっきりnavi

■ 保険診療の概念図

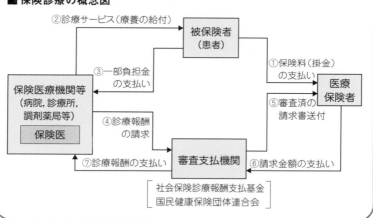

②診療サービス（療養の給付）

被保険者（患者）

③一部負担金の支払い

①保険料（掛金）の支払い

医療保険者

⑤審査済の請求書送付

保険医療機関等（病院, 診療所, 調剤薬局等）

保険医

④診療報酬の請求

審査支払機関

⑥請求金額の支払い

⑦診療報酬の支払い

社会保険診療報酬支払基金
国民健康保険団体連合会

第4章

例えば, 急性虫垂炎で入院したらどうなるの？

初診料, 入院日数に応じた入院料, 手術代, 検査料, 薬剤料と加算され, 保険医療機関は, その合計額から患者の一部負担分を差し引いた額を審査支払機関から受け取ることになります

☑ 理解度チェック

□**1** 診療報酬点数表は基本的に1点10円だが, 都市部とそれ以外の地域では多少の相違がある。

□**2** 診療報酬の請求は, 各月分について行わなければならない。

□**3** 社会保険診療報酬支払基金は, 保険診療の審査支払機能を担う保険者である。

□**4** 外来診療報酬については, 1日当たり包括払い制度がとられている。

解答

1. ✕ 全国一律／ 2. ○／ 3. ✕ 社会保険診療報酬支払基金は, 保険診療の審査支払機能を担うが, 保険者ではない／ 4. ✕ 出来高払い制となっている

76 国民医療費

国民医療費とは

● 当該年度内の医療機関などにおける傷病の治療に要する費用を推計したもの

● 医科診療や歯科診療にかかる診療費, 薬局調剤医療費, 入院時食事療養費, 訪問看護療養費のほか, 健康保険等で支給される移送費などを含む

● 正常な妊娠や分娩などに要する費用や健康の維持・増進を目的とした健康診断, 市販の売薬, 予防接種などに要する費用, 固定した身体障害のために必要とする義眼や義肢などの費用や保険のきかない差額ベッド代は含まれない

国民医療費の傾向

● 統計を取り始めた1954年度以降, 増加傾向だったが, 2021年度は45兆359億円で, 前年度に比べ, 4.8％の増加。国内総生産（GDP）に対する比率は8.18％

● 制度区分別構成割合をみると, 医療保険等給付分が20兆5,706億円（45.7％）, 後期高齢者医療給付分が15兆7,246億円（34.9％）を占める

● 財源別構成割合をみると, 公費17兆1,025億円（38.0％）, 保険料22兆4,957億円（50.0％〔事業主21.6％, 被保険者28.3％〕）, 患者負担5兆2,094億円（11.6％）と, 保険料が約2分の1を占める

● 主傷病による傷病分類別にみると, 循環器系の疾患が最も多い

年齢階級別国民医療費は, 65歳以上が全体の半分以上を占めています

すっきりnavi

■国民医療費の年次推移

年次	国民医療費		一人当たり国民医療費		対国内総生産（GDP）比(%)
	（億円）	対前年度増減率(%)	（千円）	対前年度増減率(%)	
2011 年度	385,850	3.1	301.9	3.3	7.72
2012 年度	392,117	1.6	307.5	1.9	7.85
2013 年度	400,610	2.2	314.7	2.3	7.81
2014 年度	408,071	1.9	321.1	2.0	7.80
2015 年度	423,644	3.8	333.3	3.8	7.83
2016 年度	421,381	△0.5	332.0	△0.4	7.73
2017 年度	430,710	2.2	339.9	2.4	7.75
2018 年度	433,949	0.8	343.2	1.0	7.80
2019 年度	443,895	2.3	351.8	2.5	7.97
2020 年度	429,665	△3.2	340.6	△3.2	7.99
2021 年度	450,359	4.8	358.8	5.3	8.18

資料：厚生労働省「令和3（2021）年度 国民医療費の概況」

☑ 理解度チェック

□**1** 国民医療費は，傷病の治療に要する費用の総計を当該年度で示すものであり，この中には妊娠・出産，健康診断および身体障害者の義肢の費用も含まれる。

□**2** 国民医療費の財源別負担は，おおむね保険料7割，公費2割，患者負担1割となっている。

□**3** 現在の国民医療費の総額は40兆円を超えている。

解答

1. × 妊娠・出産，健康診断，身体障害者の義肢の費用などは含まれない／ 2. × おおむね保険料5割，公費4割，患者負担1割／ 3. ○

77 医療施設

医療施設の概要

- 医療施設は, 医療法により規定されている。病院, 診療所, 助産所 などがある

- 病院…医師または歯科医師が公衆または特定多数人のために, 医業, 歯科医業を行う場所であって, 20人以上の患者を入院させるため の施設のあるもの

- 診療所…医師または歯科医師が公衆または特定多数人のために, 医業, 歯科医業を行う場所であって, 患者を入院させるための施設を 有しないものまたは19人以下の患者を入院させるための施設のあ るもの

- 助産所…助産師が公衆または特定多数人のた めに, その業務を行う場所。妊婦, 産婦また は褥婦10人以上の入所施設を持つことはでき ない

- 介護医療院…要介護者であって, 主として長期にわたり療養が必要 である者に対し, 施設サービス計画に基づいて, 療養上の管理, 看 護, 医学的管理の下における介護及び機能訓練その他必要な医療並 びに日常生活上の世話を行うことを目的とする施設

🔑 関連キーワード ･･･････････････････････････････････････

- **かかりつけ医**…住民に身近な地域の病院・診療所で, 患者の日常的 な治療や健康管理に当たっている医師

介護保険制度の「主治医意見書」におい ても, かかりつけ医の役割は重要ですね

すっきりnavi

■ 機能による病院の分類

地域医療支援病院	医療施設機能の体系化の一環として，患者に身近な地域で医療が提供されることが望ましいという観点から，紹介患者に対する医療提供，医療機器等の共同利用の実施等を通じて，第一線の地域医療を担うかかりつけ医，かかりつけ歯科医等を支援する能力を備え，救急医療を提供する能力を有し，地域医療の確保を図る病院としてふさわしい構造設備等を有し，原則200床以上の病床を有するものについて，都道府県知事が個別に承認しているものを指す
特定機能病院	高度の医療の提供，開発および評価，ならびに研修を実施する能力や医療の高度の安全を確保する能力を有することとし，他の病院または診療所から紹介された患者に対し，医療を提供すること，病床数は400床以上の病床を有することが必要。その他，設備として集中治療室，無菌病室，医薬品情報管理室が必要で，厚生労働大臣の承認を得たもの

第4章

上記以外にも，医療法では，病床の種類を5つ（①結核病床，②精神病床，③感染症病床，④療養病床，⑤一般病床）に区分し，それぞれに必要とする医師・看護師の数を定めています

医療法では，病院，診療所，介護老人保健施設，介護医療院，調剤を実施する薬局とその他の医療を提供する施設を医療提供施設と定義しているんだね

☑ 理解度チェック

- □1 医療施設は，医療法によって定められており，19床以下は診療所，20床以上は病院と区分されている。
- □2 地域医療支援病院は，その所在地の市町村長の承認を得て救急医療を提供する病院である。
- □3 特定機能病院は，都道府県知事の承認を受けることとされている。

解答

1. ○／2. ✕ 都道府県知事の承認を得る／3. ✕ 厚生労働大臣の承認を受ける

78 就労移行支援

LINK ▶▶▶ 79

障害者総合支援法における就労支援サービス

- 就労移行支援，就労継続支援A型（雇用型），就労継続支援B型（非雇用型），就労定着支援がある

> 就労継続支援の詳しい内容は，テーマ79をみてみよう

就労移行支援事業の概要

- 就労を希望する障害者に対し，職場探し，職場定着等の支援を行う事業
- 利用者の適性や課題に合わせ，職場見学，実習などを通じて就労に必要な知識や能力を習得
- 個別に支援計画を作成し，必要な訓練を実施，就労につなげる
- 利用期間…24か月以内
- 利用対象…一般就労を希望する65歳未満の障害者
- 利用申込みの窓口…市町村
- 雇用契約…なし

🔑 関連キーワード ···

- **福祉的就労**…障害者等が福祉施設で支援を受けながら，訓練を兼ねて働く就労形態
- **一般就労**…通常の雇用形態のことで，特に福祉的就労の対義語として用いられる。一般雇用ともいう
- **就労定着支援**…就業に伴う生活面の課題に対応できるよう，事業所や家族との連絡調整などの支援を行う。2018（平成30）年4月創設

すっきりnavi

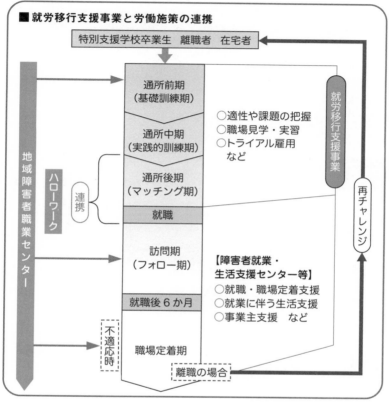

■ 就労移行支援事業と労働施策の連携

特別支援学校卒業生　離職者　在宅者

- 通所前期（基礎訓練期）
- 通所中期（実践的訓練期）
- 通所後期（マッチング期）
- 就職
- 訪問期（フォロー期）
- 就職後6か月
- 職場定着期

地域障害者職業センター

ハローワーク　連携

就労移行支援事業

再チャレンジ

○適性や課題の把握
○職場見学・実習
○トライアル雇用
　など

【障害者就業・生活支援センター等】
○就職・職場定着支援
○就業に伴う生活支援
○事業主支援　など

不適応時

離職の場合

☑ 理解度チェック

□**1** 社会福祉における就労支援の就労には、一般就労だけではなく、福祉的就労や社会参加に結び付く就労なども含まれている。

□**2** 就労移行支援事業は、就職に向けての訓練を中心とした事業であることから、利用申込みの窓口は、公共職業安定所になっている。

□**3** 就労移行支援事業所は、「障害者総合支援法」に基づき無料の職業紹介を行っている。

解答

1. ○／2. ✕ 申込みや相談の窓口は、市町村／3. ✕ 障害者総合支援法を根拠法とするが、無料の職業紹介は行っていない

79 就労継続支援

LINK ▶▶▶ 78

就労継続支援事業の概要

- 通常の事業所に雇用されることが困難な障害者に，就労の機会を提供する
- 知識および能力の向上のために必要な訓練その他の厚生労働省令で定める便宜を供与する

■ 就労継続支援A型（雇用型）の概要

事業概要	事業所と利用者が雇用契約を結び，一般就労に向けた支援を行う事業
対象者	・就労移行支援事業で一般就労に結び付かなかった障害者
	・就職活動が雇用に結び付かなかった特別支援学校卒業生
	・過去に企業等での就労経験があり，現に雇用関係のない障害者
年齢制限	サービス利用開始時に65歳未満
利用期間	制限なし

■ 就労継続支援B型（非雇用型）の概要

事業概要	事業所と利用者が雇用契約を結ばずに，就労の機会を提供する事業 ※知識・能力が高まった利用者には一般就労への移行を支援
対象者	・就労経験はあるが，年齢や体力的に一般就労が困難な障害者
	・就労移行支援事業を利用したが，企業または就労継続支援事業A型の雇用に結び付かなかった障害者
利用期間	制限なし

🔑 関連キーワード ··

- 障害者優先調達推進法…2013（平成25）年施行。国や地方公共団体などの公的機関が物品やサービスを調達する際，障害者就労施設等から優先的・積極的に購入することを推進するために制定された

すっきりnavi

■ 低所得者（生活保護受給者等）への主な就労支援

生活保護受給者等就労自立促進事業	労働局，公共職業安定所，地方自治体が連携して生活保護受給者等の就労支援を行う
自立支援プログラム	生活保護受給者の状況等を類型化し，各地方自治体において自立支援プログラムを策定し，組織的な支援を行う事業
生活困窮者自立支援制度	生活困窮者を対象として，①就労支援その他の自立に関する問題についての相談対応を行う，②生活困窮者の抱えている課題を評価・分析し，そのニーズを把握する，③ニーズに応じた支援が計画的に行われるように自立支援計画を策定する，などの支援を行う

生活困窮者自立支援制度は，生活困窮者自立支援法に基づき，2015年度から施行されています

☑ 理解度チェック

☐1 就労継続支援Ａ型事業では，雇用契約を締結した利用者については最低賃金法が適用される。

☐2 障害者総合支援法における就労継続支援Ｂ型は，通常の事業所に雇用されることが困難であって，雇用契約に基づく就労が可能と見込まれる者に対して，雇用契約の締結等による就労の機会の提供および生産活動の機会の提供等の支援を行う。

☐3 就労継続支援Ａ型に年齢制限は設けられていない。

解答

1. ○／2. × 記述は，就労継続支援Ａ型の説明／3. × Ａ型は，サービス利用開始時に65歳未満の者

80 障害者雇用率制度

LINK ▶▶▶ 59, 82

障害者雇用率制度の概要

- 事業主に対して，一定の割合以上の障害者の雇用義務を課すことで，その雇用促進を目指す制度
- 事業主が雇用しなければならない障害者の雇用率＝法定雇用率
- 法定雇用率未達成企業には行政指導あり（「罰則」はなし）

■各事業所に対する法定雇用率

機関等		法定雇用率[1]
民間企業	一般の民間企業	2.3%（43.5 人以上）[2]
	特殊法人等	2.6%（38.5 人以上）
国，地方公共団体	国，地方公共団体	2.6%（38.5 人以上）
	都道府県等の教育委員会	2.5%（40.0 人以上）

[1] カッコ内の数字は対象となる企業等の規模
[2] 2024 年 4 月より，法定雇用率 2.5%（40.0 人以上）となる

障害者雇用率の算定方法

- 2010年7月より，重度以外の身体障害者・知的障害者の短時間労働者が新たに雇用率算定の対象とされた。2018年4月からは精神障害者の雇用が義務化された

障害の種類		週所定労働時間 30 時間以上	週所定労働時間 20 時間以上 30 時間未満
身体障害者	重度	◎	○
	重度以外	○	△
知的障害者	重度	◎	○
	重度以外	○	△
精神障害者		○	△

※◎→2 カウント，○→1 カウント，△→0.5 カウント

🔑 関連キーワード ‥‥‥‥‥‥‥‥‥‥‥‥‥‥‥‥‥‥‥‥‥‥

- 障害者雇用納付金制度…雇用率未達成企業から障害者雇用納付金を徴収する制度。徴収された納付金は，障害者を雇用している企業に支払われる障害者雇用調整金と報奨金等の財源にあてられる

すっきり navi

■ 実雇用率と雇用されている障害者の数の推移

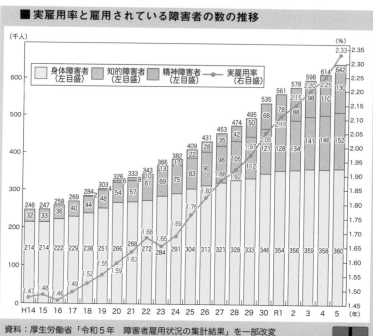

資料：厚生労働省「令和5年　障害者雇用状況の集計結果」を一部改変

実雇用率は2011年以降，上昇傾向
にあります

☑ 理解度チェック

□1 障害者実雇用率が障害者法定雇用率に達していない事業所は，事業主が障害者雇用納付金を納めれば，障害者の雇用義務が免除される。

□2 法定雇用率を下回っている場合は障害者雇用納付金を徴収する仕組みがある。

□3 民間企業における法定雇用率は1.8%である。

解答

1. × 障害者雇用納付金を納めても雇用義務を果たしたことにはならない／2. ○／
3. × 民間企業においては2.5%（2024年4月以降）

81 生活困窮者の就労自立促進事業

LINK ▶▶▶ 71

生活保護受給者等就労自立促進事業とは

- 「福祉から就労」支援事業を発展解消し，2013（平成25）年に新しく登場したのが生活保護受給者等就労自立促進事業である
- 生活保護受給者等，児童扶養手当受給者，住宅支援給付受給者等を含め，広く就職困難・生活困窮者を対象としている
- 自治体にハローワークの常設窓口を設置するなど，ワンストップ型（一度で用が足りる）サービスの支援体制を整備する

支援の内容

① 福祉事務所とハローワークの担当者で就労支援チームを結成
② 個々人の状況を踏まえて個人ごとに就労支援プランを作成
③ 支援プランに沿って各種の施設・サービスを活用し，担当者からなるチーム支援の実施
④ 就職後の職場定着，生計維持の支援などフォローアップの実施

2015年度に施行された生活困窮者自立支援法に伴い，生活困窮者自立支援制度が始まっています

🔑 関連キーワード ・・

- **就労支援チーム**…福祉事務所に置かれる福祉部門担当コーディネーター，ハローワークに置かれる就職支援ナビゲーターなどで構成される。職業準備プログラムや就労支援メニューを選定するなど，対象者の支援方針を決定したうえで，連携して就労を支援する。就職支援ナビゲーターは，早期再就職専任支援員ともいい，離職者の中でも特に早期に再就職を目指す意欲が高い人を対象に活動している

すっきりnavi

■生活保護受給者等就労自立促進事業の流れ

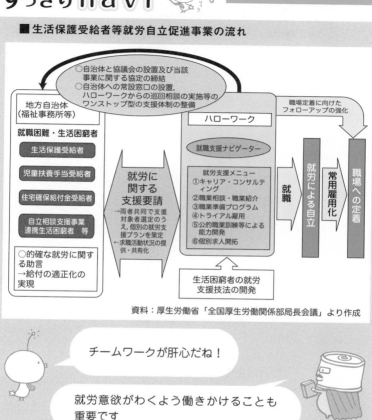

資料：厚生労働省「全国厚生労働関係部局長会議」より作成

チームワークが肝心だね！

就労意欲がわくよう働きかけることも重要です

☑ 理解度チェック

□1 生活保護受給者等就労自立促進事業の支援対象者には，児童扶養手当の受給者も含まれる。

□2 就職後のフォローアップは，事業の支援内容には含まれていない。

解答

1. ○／ 2. ✕ 支援内容にフォローアップは含まれている

82 職場適応援助者（ジョブコーチ）

LINK ▶▶▶ 59, 80

職場適応援助者（ジョブコーチ）による支援事業

- 2002（平成14）年の障害者雇用促進法改正で創設された事業
- 職場適応に課題を有する障害者が対象
- 各事業所に職場適応援助者（ジョブコーチ）が直接出向き，障害者の職場適応を支援
- 雇用の前後を通じて細やかな人的支援を行い，障害者の職場定着を図る
- 地域障害者職業センターに配置され，社会福祉法人などの協力機関と連携して事業を実施

職場適応援助者（ジョブコーチ）による標準的な支援の流れ

①集中支援…サービスを利用する障害者の不適応課題を分析し，改善を図る（週3～4日訪問）

　↓

②移行支援…事業主に対して，障害者支援のノウハウ等を伝授する（週1～2日訪問）

　↓

③フォローアップ…支援終了後も必要なフォローを行う（数週間～数か月に1回訪問）

支援期間は原則7か月以内で，最長8か月まで延長できます

標準的な支援期間は2～4か月だよ

🔑 関連キーワード ･･････････････････････････

- 障害者職業カウンセラー…地域障害者職業センターに配置される職業リハビリテーションサービスの専門職種。主な業務は，職場適応援助者（ジョブコーチ）の派遣に関する助言をはじめ，職業指導，職業準備訓練，職場適応・復帰の支援など

すっきりnavi

■ 職場適応援助者（ジョブコーチ）による支援

・障害特性に配慮した
　雇用管理に関する助言
・配置，職務内容の
　設定に関する助言

・作業遂行力の向上支援
・職場内コミュニケーション
　能力の向上支援
・健康管理，生活リズムの
　構築支援

事 業 主
（管理監督者・人事担当者）

障 害 者

職場適応援助者
（ジョブコーチ）

上 司 ・ 同 僚

・障害の理解に係る
　社内啓発
・障害者とのかかわり方
　に関する助言
・指導方法に関する助言

家 族

・安定した職業生活を送
　るための家族のかかわ
　り方に関する助言

職場適応援助者（ジョブコーチ）支援は，障害者本人だ
けでなく，事業所や障害者の家族も支援の対象とします

☑ 理解度チェック

□1 職場適応援助者（ジョブコーチ）は，地域障害者職業センターに配置される
　　場合や社会福祉法人等に配置される場合がある。
□2 地域障害者職業センターによるジョブコーチ支援事業は，発達障害者支援法
　　に基づく支援サービスである。
□3 障害者職業センターに配置されている職場適応援助者（ジョブコーチ）の主
　　な役割は，事業所に出向いて障害者や事業主に対して，雇用の前後を通じて，
　　障害特性を踏まえた専門的な援助を行うことである。

解答

1. ○／2. ✕ 障害者雇用促進法に基づくサービス／3. ○

83 法定相続

法定相続の概要

- 相続とは，自然人の死亡により，その一切の財産法上の地位を，特定の者が包括的に受け継ぐことをいう
- 民法による相続人を法定相続人，同法による取得割合を法定相続分という
- 死亡した者（被相続人）の配偶者は，常に相続人となる
  その他は▶すっきりnavi

■法定相続人の範囲

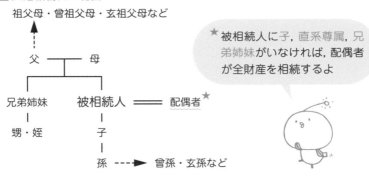

★ 被相続人に子，直系尊属，兄弟姉妹がいなければ，配偶者が全財産を相続するよ

🔑 関連キーワード ････････････････････････････････

- **遺言（いごん）**…自分の死後の財産等に関する生前の意思表示。自筆証書遺言と公正証書遺言がある。被相続人の遺言がある場合，遺留分を侵害しない範囲で法定相続に優先する

15歳以上であれば遺言できます

すっきり navi

■ 民法による相続人の範囲と法定相続分

相続の順位		備考
第1順位	被相続人の子	相続放棄者，内縁関係の者は除く 第1順位の子には胎児も含まれる
第2順位	被相続人の直系尊属 （父母や祖父母など）	
第3順位	被相続人の兄弟姉妹	

法定相続分		備考
配偶者と子が相続人 である場合	配偶者 1/2 子 1/2	子，直系尊属，兄弟姉妹がそれぞれ2人以上いるときは，原則均等に分ける
配偶者と直系尊属が 相続人である場合	配偶者 2/3 直系尊属 1/3	
配偶者と兄弟姉妹が 相続人である場合	配偶者 3/4 兄弟姉妹 1/4	

第4章

上位の相続人が1人でもいると，
下位の者は相続人になれないよ

2020（令和2）年の民法改正では，主に債権について見直されただけでなく，遺言制度なども見直されました！

☑ 理解度チェック

□1 被相続人に配偶者と母がいる場合には，法定相続分の割合は，配偶者が2分の1，母が2分の1である。

□2 相続開始の時に懐胎されていた胎児は，出生すれば相続時にさかのぼって相続人となる。

解答

1. × 配偶者が3分の2，母が3分の1である／ 2. ○

84 成年後見制度

LINK ▶▶▶ 85

成年後見制度とは

- 知的障害や認知症など「ものごとの判断が難しい者」の権利を擁護し，援助する制度
- 本人に代わって，「法的に権限を与えられた者」が法律行為等を代行する
- 法律の定めによる法定後見と，契約による任意後見がある
- 法定後見は，その対象により，成年後見，保佐，補助に分けられる

■成年後見制度における法定後見の類型

	成年後見	保佐	補助
対象	精神上の障害により事理を弁識する能力を欠く常況にある者★	精神上の障害により事理を弁識する能力が著しく不十分である者	精神上の障害により事理を弁識する能力が不十分である者
開始の審判の申立て	本人，配偶者等の申立権者（請求権者）が，本人の住所地を管轄している家庭裁判所に対して行う。なお，補助には，開始の審判に本人の同意が必要		
開始の審判	成年被後見人（本人）に保護者として成年後見人が選任される	被保佐人（本人）に保護者として保佐人が選任される	被補助人（本人）に保護者として補助人が選任される
保護者の権限	財産管理権，財産に関するすべての法律行為についての代理権，日常生活に関する行為以外の行為についての取消権あり	所定の行為（民法13条1項）について同意権と取消権あり。特定の法律行為についてのみ代理権付与の場合あり	特定の法律行為についてのみ同意権・取消権，代理権付与の場合あり

★「欠く常況にある者」とは，一時的に意思能力を回復することがあっても，"通常はそれを欠く状態にある者"です

すっきりnavi

■令和4年における成年後見関係事件の概況

申立件数	合計3万9,719件（対前年比0.2%減少）。割合は，後見開始約70.5%，保佐開始約20.6%，補助開始約6.7%，任意後見監督人選任約2.2%
終局区分	終局事件（合計3万9,503件）のうち，認容で終局が約95.4%
審理期間	2か月以内の終局が約71.9%，4か月以内が約93.7%。前年とほぼ同じ
申立人と本人との関係	最多は市区町村長で約23.3%，本人約21.0%，本人の子約20.8%の順となっている
申立ての動機	最多は預貯金等の管理・解約。身上保護，介護保険契約（施設入所等のため），不動産の処分，相続手続と続く
成年後見人等と本人との関係	配偶者・親・子・兄弟姉妹・その他親族の選任が約19.1%，親族以外の第三者が約80.9%。親族では子が最多。第三者は，司法書士，弁護士，社会福祉士の順

資料：最高裁判所事務総局家庭局「成年後見関係事件の概況－令和4年1月～12月－」

第4章

🔑 関連キーワード

- **未成年後見制度**…親権者の死亡や虐待等による親権喪失により，親権者がいない場合に，未成年後見人が未成年者の保護に当たる制度。なお，未成年後見人は，成年後見人，保佐人，補助人と同様に複数でもよく，また，法人でも構わない

☑ 理解度チェック

□1 成年被後見人が建物の贈与を受けたとき，成年後見人はこれを取り消すことができない。

□2 成年被後見人が成年後見人の同意を得ないでした婚姻は，これを取り消すことができる。

□3 親族以外の第三者が成年後見人等に選任された割合は，5割を超える。

解答

1. × 成年後見人には，日常生活に関する行為以外の行為について取消権がある／
2. × 婚姻や離婚，遺言などの一身専属権については，取消権は及ばない／ 3. ○

85 日常生活自立支援事業

日常生活自立支援事業とは

- 判断能力が不十分な者に対して福祉サービスの利用援助，日常的金銭管理サービス，書類等の預かりサービス等を行うもので，成年後見制度を補完する制度として創設された国庫補助事業
- 利用者との契約に基づいて援助を行う点がポイント
- 社会福祉法においては，福祉サービス利用援助事業として，第二種社会福祉事業に位置付けられている

■ 日常生活自立支援事業の概要

実施主体	都道府県・指定都市社会福祉協議会
窓口	基幹的社会福祉協議会等
援助対象	判断能力が不十分な認知症高齢者，知的障害者，精神障害者等
利用料	自己負担が原則（生活保護受給世帯の利用者負担はなし）
援助者	専門員…初期相談から契約締結能力の確認，本人に必要な援助の特定，自立支援計画の策定，利用契約の締結などを行う
	生活支援員…専門員の指示を受け，自立支援計画に基づいて具体的な支援を行う

福祉施設に入所したり，病院に入院した人も，この事業のサービスを利用できるんだよ

🔑 関連キーワード ·······································

- **契約締結審査会**…「契約締結判定ガイドライン」に基づく調査の結果，本人の契約締結能力に疑義が生じた場合に，実施主体からの依頼により審査を行う機関

すっきりnavi

■ 日常生活自立支援事業の流れ

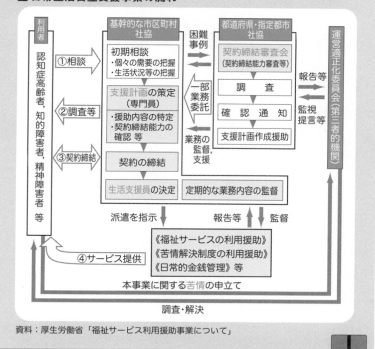

資料：厚生労働省「福祉サービス利用援助事業について」

☑ 理解度チェック

□1 日常生活自立支援事業の実施主体である都道府県社会福祉協議会は，事業の一部を市区町村社会福祉協議会に委託することができる。

□2 福祉施設に入所したり，病院に入院した者も，日常生活自立支援事業のサービスを利用することができる。

□3 日常生活自立支援事業のサービスに関する苦情を解決する機関として，都道府県社会福祉協議会に契約締結審査会が設置されている。

解答

1. ○／2. ○／3. ✕ 苦情を解決する機関は，運営適正化委員会

86 保護観察

LINK ▶▶▶88

保護観察とは

● 犯罪者や非行少年の更生を助け，犯罪を予防するために，国家の責任において指導監督および補導援護を行う制度

■ 保護観察の対象

号種	保護観察対象者	保護観察の期間
1号観察	少年法に基づき，家庭裁判所の決定により保護観察に付されている少年	原則として20歳まで，または2年間
2号観察	少年院からの仮退院を許されて保護観察に付されている少年	原則として20歳に達するまで
3号観察	刑事施設からの仮釈放を許されて保護観察に付されている者	残刑期間
4号観察	刑法の規定により刑の執行を猶予され，保護観察に付されている者	執行猶予の期間
5号観察	婦人補導院からの仮退院を許された者	補導処分の残期間

■ 指導監督および補導援護の方法

指導監督	面接等により保護観察対象者と接触を保ち，行状を把握する
	保護観察対象者が遵守事項★を守るよう必要な措置をとる
	特定の犯罪的傾向を改善するための専門的処遇を実施する
補導援護	適切な住居・宿泊場所を得ること，当該宿泊場所への帰住を助ける
	医療・療養を受けることを助ける
	職業を補導し，就職を助ける
	教養訓練の手段を得ることを助ける
	生活環境を改善し，調整する
	社会生活に適応させるために必要な生活指導を行う

★ 遵守事項には，法定の「一般遵守事項」と，必要に応じて個別に定める「特別遵守事項」があります

すっきりnavi

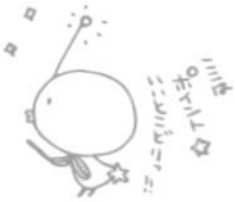

■保護観察の流れ

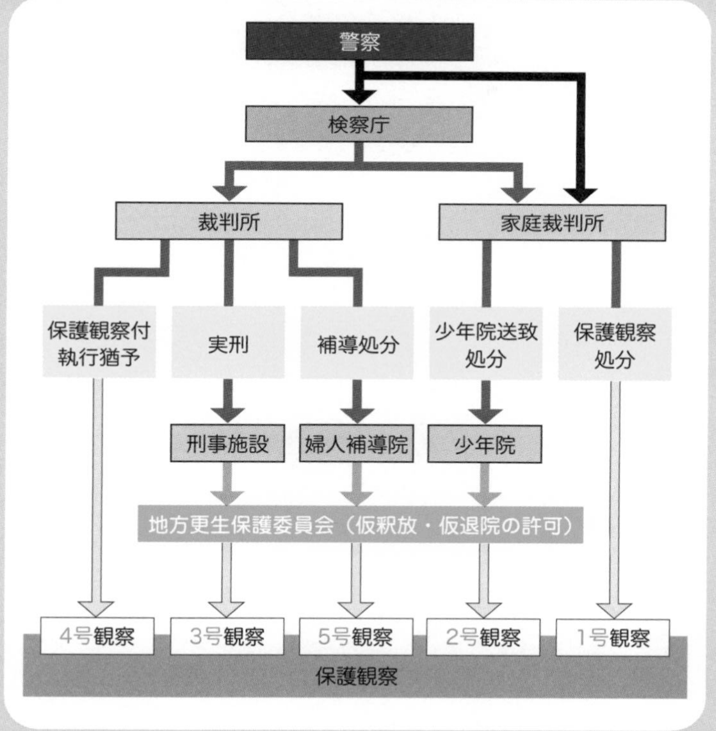
警察
検察庁
裁判所
家庭裁判所
保護観察付
執行猶予
実刑
補導処分
少年院送致
処分
保護観察
処分
刑事施設
婦人補導院
少年院
地方更生保護委員会（仮釈放・仮退院の許可）
4号観察
3号観察
5号観察
2号観察
1号観察
保護観察

理解度チェック

□1 保護観察における補導援護は，更生保護事業を営む者等に委託できる。

□2 刑の一部の執行猶予を言い渡された者には，保護観察が付されることはない。

□3 保護観察対象者が転居または7日以上の旅行をするときは，予め，保護観察所の長の許可を受けることが一般遵守事項に定められている。

解答

1. ○／ 2. × 保護観察が付される（4号観察）／ 3. ○

87 仮釈放等

仮釈放等の目的

● 刑事施設や少年院などの矯正施設の収容者を収容期間満了前に仮に釈放し，更生の機会を与えることで円滑な社会復帰を図る制度

仮釈放等の種類

● 仮釈放…懲役，禁錮の刑で刑事施設，少年院に収容されている者が対象。懲役または禁錮に処された者に改悛（かいしゅん）の状があるとき，行政官庁の処分により仮に釈放すること★
● 仮釈放以外のもの…仮退院，仮出場がある

仮釈放以外のもの	根拠法
少年院からの仮退院	更生保護法 41 条
婦人補導院からの仮退院	売春防止法 25 条
仮出場	刑法 30 条

★有期刑では刑期の1/3，無期刑では10年を，それぞれ経過した後です

🎙️ 関連キーワード ・・・・・・・・・・・・・・・・・・・・・・・・・・・・・・

● 仮退院…保護処分・補導処分のために少年院・婦人補導院に収容されている者を，その期限満了前に釈放するもの。仮退院の許可決定を行うのは地方更生保護委員会
● 仮出場…拘留された者等について，情状により行政官庁の処分で仮に出場を許すもの。なお，仮出場を許された者は，保護観察に付されない

すっきりnavi

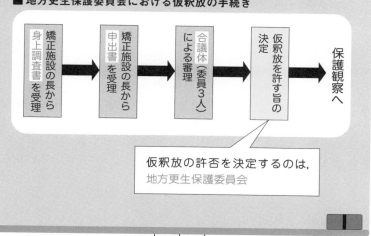

■ 地方更生保護委員会における仮釈放の手続き

矯正施設の長から身上調査書を受理 → 矯正施設の長から申出書を受理 → 合議体（委員3人）による審理 → 仮釈放を許す旨の決定 → 保護観察へ

仮釈放の許否を決定するのは，地方更生保護委員会

地方更生保護委員会は，申出がなくても必要があると認めるときは，仮釈放の許否の審理を開始できるんだね

☑ 理解度チェック

□1 仮釈放とは，懲役または禁錮に処された者に改悛の状があるとき，有期刑ではその刑期の2分の1を，無期刑では10年を経過した後，行政官庁の処分によって仮に釈放することをいう。

□2 少年院在院者に対して，少年院長は仮退院の許可決定を行うことができる。

□3 仮釈放，仮退院，仮出場を許された者は，保護観察に付される。

解答

1. ✕ 有期刑ではその刑期の3分の1を経過した後／2. ✕ 仮退院の許可決定を行うのは地方更生保護委員会である／3. ✕ 仮釈放や仮退院とは異なり，仮出場を許された者は保護観察に付されない

88 医療観察制度

LINK ▶▶▶ 86

医療観察制度の概要

● 「心神喪失等の状態で重大な他害行為を行った者の医療及び観察等に関する法律」（医療観察法）に基づく制度
● 心神喪失（刑事責任を全く問えない状態）または心神耗弱（限定的な責任を問える状態）で，重大な他害行為を行った者に，適切な医療を提供し，社会復帰を促進することを目的とする
● 保護観察所の社会復帰調整官が中心となって，対象者の社会復帰支援に従事する

> 殺人，放火，強盗，強制性交等，強制わいせつ，傷害（軽微なものを除く）が医療観察制度の対象だよ

🔑 関連キーワード ……………………………………

● **生活環境の調査**…保護観察所が行う対象者の調査
● **生活環境の調整**…保護観察所の社会復帰調整官が，指定入院医療機関で治療を受けている対象者の退院後の処遇を調整すること
● **精神保健観察**…対象者には原則3年間，指定通院医療機関による医療が提供されるが，その間，社会復帰調整官が対象者の生活状況を見守り，必要な指導等を行うこと

> 通院期間中，精神保健福祉法に基づく入院が行われたとしても，対象者への精神保健観察は停止することなく続けられます

すっきりnavi

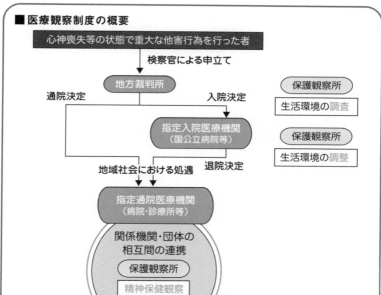

■ 医療観察制度の概要

心神喪失等の状態で重大な他害行為を行った者

検察官による申立て

地方裁判所

通院決定 ／ 入院決定

指定入院医療機関
（国公立病院等）

保護観察所
生活環境の調査

保護観察所
生活環境の調整

地域社会における処遇 ／ 退院決定

指定通院医療機関
（病院・診療所等）

関係機関・団体の
相互間の連携

保護観察所

精神保健観察

都道府県・市町村等
（精神保健福祉センター・保健所等）

障害福祉サービス
事業者等

処遇終了決定
通院期間の満了（原則3年間）

医療観察制度による処遇の終了（一般の精神医療・精神保健福祉の継続）

資料：法務省「医療観察制度」をもとに作成

第4章

☑ 理解度チェック

□**1** 医療観察は，指定入院医療機関の管理者が，入院の申立てをする制度である。

□**2** 精神保健観察は，必要な医療を受けているか否かおよびその生活の状況を見守る制度である。

□**3** 社会復帰調整官が，指定通院医療機関の指定を行う。

解答

1. ✕ 申立ては検察官が行う／2. ○／3. ✕ 厚生労働大臣が行う

試験本番は落ち着いて！

それでは最後に，国家試験の本番で，みなさんが持てる力を十分に発揮するためのコツを3つ伝授しましょう。

その①…善は急げ

社会福祉士国家試験は全129問。試験時間の詳細は未発表ですが，従来どおり240分間であれば，1問当たりの所要時間は1分51秒です。分からない問題で悩む時間はありません。悪問や超難問が毎回出題されていますが，約6割正解で合格です。即答できない問題は，飛ばしてどんどん先に進みましょう。その際は，マークする位置を間違えないように！

その②…主観の排除

国家試験は，「こういう場合，あなたならどうするか…？」を問うものではありません。「ソーシャルワーカーであればどうするべきか」を聞いているのです。現場での職務経験が豊富な人ほど要注意！

その③…素直に

社会福祉士国家試験は「落とすため」の試験に非ず。合格基準点以上を取った人は，全員が合格します。正文選択問題なので，選択肢に目を通して，間違い・疑問を見つけたらどんどん×を付けましょう。その際，下手な"裏読み"をせず，素直に決断することが正答への近道です！

不安になるのはしっかり
勉強した証拠だよ

そう，
自信を持って！

資料編

☆ **総合社会福祉年表**
☆ **項目別年表**

- 高齢者福祉年表
- 障害者福祉年表
- 児童福祉年表
- 児童施設年表
- 公的扶助年表
- 年金・医療保険年表
- その他の年表

総合社会福祉年表では，社会福祉の歴史について，日本と諸外国を対比しながら流れを押さえましょう。
項目別年表では，高齢者，障害者，児童など7項目の頻出事項を時系列でしっかり把握できます

国の凡例
㊓ イギリス　㊔ ドイツ　㊋ フランス
㊝ アメリカ　㊞ スウェーデン

総合社会福祉年表

㊇エリザベス救貧法（旧救貧法）	1601
㊇ギルバート法	1782
㊇スピーナムランド制度	1795
㊇新救貧法（改正救貧法）	1834
㊋エルバーフェルト制度㊍	1852
㊇慈善組織協会（COS）設立	1869
㊋疾病保険法	1883
㊎第1回ホワイトハウス会議（児童福祉白亜館会議）児	1909
ミルフォード会議（～1928）	1923
㊎児童の権利に関するジェネヴァ宣言（国際連盟）児	1924
㊎社会保障法	1935
㊎レイン報告	1939
㊇ベヴァリッジ報告（社会保険および関連サービス）	1942
世界人権宣言（国連）児障	1948
㊇国民扶助法	
ILO102号条約	1952
児童権利宣言（国連）児	1959
社会保障憲章（WFTU：世界労働組合連盟）	1961

―――総合年表・国際社会―――

1874	明治 7	公 恤救規則
1917	大正 6	公 済世顧問制度
1918	7	公 方面委員制度
1922	11	社 健康保険法
1929	昭和 4	公 救護法制定
1933	8	児 児童虐待防止法
		児 少年教護法
1938	13	社 国民健康保険法
		公 社会事業法
1946	21	公 社会救済に関する覚書（GHQ）
		公 旧生活保護法
1947	22	児 児童福祉法
1948	23	民生委員法
1949	24	障 身体障害者福祉法
1950	25	公 社会保障制度に関する勧告
		公 生活保護法
1951	26	公 社会福祉事業法（現：社会福祉法）
1958	33	社 国民健康保険法（新）
1959	34	社 国民年金法
		日本ソーシャルワーカー協会設立
1960	35	障 精神薄弱者福祉法（現：知的障害者福祉法）
		障 身体障害者雇用促進法（現：障害者雇用促進法）
1961	36	児 児童扶養手当法
		社 国民皆年金・皆保険制度開始

資料編

──────総合年表・日本──────

🇫🇷ラロック委員会報告	1962

アルマ・アタ宣言では，「2000年までにすべての人に健康を」という目標を掲げ，プライマリ・ヘルス・ケアの理念が打ち出されました

🇬🇧シーボーム報告	1968
知的障害者の権利宣言（国連）障	1971
障害者の権利宣言（国連）障	1975
アルマ・アタ宣言（WHO・UNICEF）	1978
国際児童年（国連）児	1979
🇸🇪社会サービス法（1982年施行）	1980
国際障害者年「完全参加と平等」（国連）児障	1981
🇬🇧バークレイ報告	1982
障害者の十年（国連）（～1992）障	1983
国際居住年（国連）	1987
🇬🇧グリフィス報告	1988
児童の権利に関する条約（国連）児	1989
🇬🇧国民保健サービス及びコミュニティケア法	1990
🇺🇸障害をもつアメリカ人法（ADA）障	
🇸🇪エーデル改革	1992
アジア太平洋障害者の十年（国連）（～2002）障	1993
国際家族年（国連）児	1994
🇯🇵介護保険法	
🇬🇧障害者差別禁止法（DDA）障	1995

───── 総合年表・国際社会 ─────

	昭和	
1962	37	🅿 社会保障制度の総合調整に関する基本方策についての答申および社会保障制度の推進に関する勧告
1963	38	🅷 老人福祉法
1964	39	🅘 母子福祉法（現：母子及び父子並びに寡婦福祉法）
		🅘🅙 重度精神薄弱児扶養手当法（現：特別児童扶養手当法）
1965	40	🅘 母子保健法
1966	41	🅘🅙 特別児童扶養手当法（旧：重度精神薄弱児扶養手当法）
1970	45	🅙 心身障害者対策基本法（現：障害者基本法）
1971	46	🅘 児童手当法
		🅷 高年齢者等の雇用の安定等に関する法律（高年齢者雇用安定法）
1973	48	🅷 老人医療費支給制度開始
		🅙 療育手帳について
1981	56	🅘 母子及び寡婦福祉法（旧：母子福祉法）
1982	57	🅷 老人保健法
1985	60	🅢 年金制度改革
1986	61	🅷 長寿社会対策大綱
1987	62	社会福祉士及び介護福祉士法
		🅙 障害者雇用促進法（旧：身体障害者雇用促進法）
		🅙 精神保健法（旧：精神衛生法）
	平成	
1989	元	「今後の社会福祉のあり方について」意見具申
		🅷 ゴールドプラン
1990	2	社会福祉関係八法の改正（老人福祉法等の一部を改正する法律）
1993	5	🅙 障害者基本法（心身障害者対策基本法の改正）
		社会福祉事業に従事する者の確保を図るための措置に関する基本的な指針（福祉人材確保指針）
1994	6	🅘 児童の権利に関する条約の批准
		🅷 新ゴールドプラン
		🅘 エンゼルプラン
		🅢 21世紀福祉ビジョン
		🅘 母子保健法改正
1995	7	🅙 障害者プラン〜ノーマライゼーション7か年戦略〜
		🅷 高齢社会対策基本法
		🅙 精神保健及び精神障害者福祉に関する法律（旧：精神保健法）

資料編

国際高齢者年（国連）🏠 1999

ミレニアム開発目標（MDGs）（国連）👶 2000

国際ボランティア年（国連） 2001

㊗国家第二年金 2002
㊗新社会サービス法施行

新アジア太平洋障害者の十年（国連）♿ 2003
㊗EU障害者年♿

────── 総合年表・国際社会 ──────

	平成	
1996	8	高 高齢社会対策大綱
1997	9	児 児童福祉法改正
		高 介護保険法
		精神保健福祉士法
1998	10	公 社会福祉基礎構造改革について（中間まとめ）
		特定非営利活動促進法（NPO法）
		感染症法
		障 精神薄弱の用語の整理のための関係法律の一部を改正する法律
1999	11	地域福祉権利擁護事業（現：日常生活自立支援事業）
		成年後見制度
		高 ゴールドプラン21
		児 新エンゼルプラン
		地方分権の推進を図るための関係法律の整備等に関する法律（地方分権一括法）
2000	12	高 介護保険制度開始
		消費者契約法
		公 社会福祉事業法改正
		児 児童虐待の防止等に関する法律（児童虐待防止法）
		公 生活保護法改正
2001	13	高 高齢者の居住の安定確保に関する法律（高齢者住まい法）
		配偶者からの暴力の防止及び被害者の保護に関する法律（DV防止法）
2002	14	公 ホームレスの自立の支援等に関する特別措置法
		障 身体障害者補助犬法
		障 重点施策実施5か年計画（新障害者プラン）
2003	15	障 新障害者プラン（〜 2007〔平成19〕年度）
		個人情報の保護に関する法律（個人情報保護法）
		児 次世代育成支援対策推進法
		児 少子化社会対策基本法
		障 医療観察法
2004	16	障 障害者基本法改正
		児 少子化社会対策大綱
		障 特定障害者に対する特別障害給付金の支給に関する法律
		障 発達障害者支援法
		児 子ども・子育て応援プラン
		高 高年齢者雇用安定法改正
2005	17	高 介護保険法改正
		障 障害者自立支援法
		高 高齢者虐待の防止，高齢者の養護者に対する支援等に関する法律（高齢者虐待防止法）

資料編

――――総合年表・日本――――

障害者の権利に関する条約（障害者権利条約）発効（国連）障　2008

㊌医療保険改革法案成立　2010

持続可能な開発目標（SDGs）（国連）児　2015

総合年表・国際社会

	平成	
2006	18	児 就学前の子どもに関する教育，保育等の総合的な提供の推進に関する法律（認定こども園法）
2007	19	障 高齢者，障害者等の移動等の円滑化の促進に関する法律（バリアフリー法）
		DV防止法改正
		更生保護法
		障「障害者の権利に関する条約」に署名
		社会福祉士及び介護福祉士法改正
		障 新たな重点施策実施5か年計画
2008	20	高 高齢者の医療の確保に関する法律（高齢者医療確保法）
2009	21	高 高齢者住まい法改正
2010	22	児 子ども・子育てビジョン
		障 障害者自立支援法改正
2011	23	高 介護保険法改正
		障 障害者虐待防止法
2012	24	障 障害者総合支援法
		児 子ども・子育て支援法
		高 高年齢者雇用安定法改正
2013	25	児 子どもの貧困対策法
		障 障害者差別解消法
		公 生活困窮者自立支援法
		公 生活保護法改正
2014	26	児 母子及び父子並びに寡婦福祉法（旧：母子及び寡婦福祉法）
		高 介護保険法改正
		医療介護総合確保推進法
2016	28	児 児童福祉法改正
		公 社会福祉法改正
2017	29	高 介護保険法改正
2019	令和元	児 児童福祉法，児童虐待防止法改正
		児 高 育児・介護休業法改正
2020	2	公 社会福祉法改正，高 介護保険法改正
		高 高齢者医療確保法改正
2021	3	障 障害者雇用制度改正
2022	4	社 育児・介護休業法改正

資料編

———— 総合年表・日本 ————

高齢者福祉年表

年	昭和	事項
1963	38	**老人福祉法** わが国で初めての老人福祉に関する総合的な法律。介護保険法施行後も同法に基づく一部の行政措置は存続する。
1971	46	**中高年齢者雇用促進法** ※現：高年齢者雇用安定法 45歳以上を対象に，特定業種については，事業主に一定割合以上を雇い入れる努力義務を規定。
1972	47	**老人医療費支給制度** 70歳以上および65歳以上の寝たきり者を対象とする老人医療費支給制度（老人医療費無償化）が成立（1973年実施）。

年	平成	事項
1989	元	**ゴールドプラン**（高齢者保健福祉推進十か年戦略） 大蔵・厚生・自治の3大臣合意で策定された高齢者福祉の整備目標を掲げた計画。
1994	6	**新ゴールドプラン**（高齢者保健福祉推進十か年戦略の見直しについて） ゴールドプラン以降に明らかとなった介護サービス等の必要量を明記。
1995	7	**高齢社会対策基本法** わが国における高齢社会対策の基本理念と方向性を提示。
1996	8	**高齢社会対策大綱** 政府が推進すべき基本的・総合的な高齢社会対策の指針。
1997	9	**介護保険法** 急速に進行する少子高齢化を受け，要介護者を社会全体で支える新しいシステムとして介護保険制度を創設（2000年施行）。
1999	11	**ゴールドプラン21**（今後5か年間の高齢者保健福祉施策の方向） 介護保険制度の導入を視野に入れ，高齢者を支える基盤の整備を図るために新たな目標値等を設定。
2001	13	**新たな高齢社会対策大綱** 旧来の画一的な高齢者像の見直し，予防の重視など5分野17項目の基本的な施策を列挙。

	平成	
2001	13	**高齢者住まい法**（高齢者の居住の安定確保に関する法律）
		高齢者向け優良賃貸住宅の促進等が主な目的。
2004	16	**高年齢者雇用安定法改正**
		①定年の引上げ②継続雇用制度の導入③定年の定めの廃止のいずれかの措置をとること等を規定。
2005	17	**高齢者虐待防止法**（高齢者虐待の防止，高齢者の養護者に対する支援等に関する法律）
		65歳以上の者に対する5種類の虐待行為を定義し，国・地方自治体の責務等を規定（2006年施行）。
		介護保険法改正
		予防給付の再編，地域密着型サービス・地域支援事業の導入，地域包括支援センターの創設など。
2008	20	**高齢者医療確保法**（高齢者の医療の確保に関する法律）
		後期高齢者医療制度の創設，前期高齢者の財政調整，40～74歳の加入者への特定健康診査・特定保健指導の実施など。
2009	21	**介護報酬改定で初のプラス改定**
		介護報酬が3.0％のプラス改定となった。
2011	23	**高齢者住まい法改正**
		「サービス付き高齢者向け住宅」の創設など。
		介護保険法改正
		「定期巡回・随時対応型訪問介護看護」の創設など。
2012	24	**高年齢者雇用安定法改正**
		「継続雇用制度」の対象者を限定できる仕組みの廃止など。
2014	26	**介護保険法改正**
		地域包括ケアシステムの構築，費用負担の公平化など。
2015	27	**介護報酬が9年ぶりにマイナス改定**
		介護報酬が2.27％のマイナス改定となった。
2017	29	**介護保険法改正**
	令和	介護医療院の創設，高所得者の自己負担割合の見直しなど。
2021	3	**介護報酬改定**
		介護報酬が0.70％のプラス改定となった。

資料編

障害者福祉年表

1948	昭和 23	**世界人権宣言**（国連）
		「すべての人民とすべての国とが達成すべき共通の基準」を宣言。
1949	24	**身体障害者福祉法**
		わが国初の障害者福祉の法律。傷痍軍人を含む身体障害者の救済を目的に制定。
1950	25	**精神衛生法** ※現：精神保健福祉法
		公立精神科病院の設置を義務付け。
1951	26	**身体障害者福祉法改正** 18歳未満にも身体障害者手帳を交付。
1954	29	**身体障害者福祉法改正** 障害者に対する更生医療制度化。
1960	35	**精神薄弱者福祉法** ※現：知的障害者福祉法
		精神薄弱者に対して総合的な対策を目的として制定。
		身体障害者雇用促進法 ※現：障害者雇用促進法
		身体障害者の雇用促進を目的として制定。
1964	39	**重度精神薄弱児扶養手当法** ※現：特別児童扶養手当法
		重度の精神薄弱児を対象として重度精神薄弱児扶養手当を支給。
1966	41	**特別児童扶養手当法** ※旧：重度精神薄弱児扶養手当法
		20歳未満の心身に障害がある児童を持つ家庭を対象に特別児童扶養手当を支給。
1967	42	**身体障害者福祉法改正** 内部障害について規定。
1969	44	**身体障害者福祉法改正** 日常生活用具の給付を規定。
1970	45	**心身障害者対策基本法** ※現：障害者基本法
		心身障害者対策の基本的理念を明文化。
1971	46	知的障害者の権利宣言（国連）
		知的障害者が，可能な限り他の人間と同等の権利を有することを表明。
1975	50	**障害者の権利宣言**（国連）
		障害者が「人間としての尊厳が尊重される権利」を有することを明言。

	昭和	
1979	54	**国際障害者年行動計画**
1980	55	**国際障害分類**（ICIDH）（WHO）
		障害を「機能障害」「能力障害」「社会的不利」の3つのレベルに区分。
1981	56	**国際障害者年**（国連）
		「完全参加と平等」の実現を目指して各国が集中的に行動。
1982	57	**障害者に関する世界行動計画**　障害者対策に関する長期計画。
1983	58	**国連・障害者の十年**（〜1992）
1984	59	**身体障害者福祉法改正**　身体障害者福祉ホームを規定。
1987	62	**障害者の雇用の促進等に関する法律** ※旧：身体障害者雇用促進法
		障害者雇用率制度により，事業主に対して障害者の雇用を義務付け。
		精神保健法 ※旧：精神衛生法
	平成	精神医療審査会の設置，任意入院制度の導入など。
1990	2	**障害をもつアメリカ人法**（ADA）米
1993	5	**障害者基本法** ※旧：心身障害者対策基本法
		障害を身体障害，知的障害，精神障害に分類。
		障害者の機会均等化に関する標準規則（国連）
		障害者にかかわる重要課題について，各国が取り組むべき具体的な指針を提示。
		障害者対策に関する新長期計画
		アジア太平洋障害者の十年（国連）（〜2002）
		「障害者の完全参加」と平等を各地域で実現するための取組み。
1995	7	**「障害者プラン〜ノーマライゼーション7か年戦略〜」**
		障害者サービスの具体的な数値目標を定めた（1996〜2002年）。
		精神保健及び精神障害者福祉に関する法律
		※旧：精神保健法
		法の目的に精神障害者の社会復帰の促進等を明記。
1998	10	**精神薄弱の用語の整理のための関係法律の一部を改正する法律**
		差別や偏見を助長するとの批判の強かった「精神薄弱」の用語を「知的障害」に変更。

	平成	
2001	13	**国際生活機能分類（ICF）**　国際障害分類（ICIDH）の全面改定版。
2002	14	**身体障害者補助犬法**
		身体障害者補助犬（盲導犬，介助犬および聴導犬）の同伴受入
		れを義務付け。
		新障害者プラン（重点施策5か年計画）
		新障害者基本計画（2003 ～ 2012年度）の策定に伴い，その
		前期5年間において達成すべき目標等を定めた計画。
2003	15	**支援費制度**
		障害者自身が，契約に基づきサービスを利用できる制度。
		新アジア太平洋障害者の十年（～ 2012）
		「アジア太平洋障害者の十年」をさらに10年延長。
		心神喪失等の状態で重大な他害行為を行った者の医療
		及び観察等に関する法律（医療観察法）
		心神喪失等の状態で殺人などを行った者に対し，適切な医療の
		提供や観察を行い，社会復帰の促進を図ることを目的とする。
2004	16	**障害者基本法改正**
		障害を理由とした差別や，権利利益の侵害をしてはならないこ
		とを明文化。
		発達障害者支援法
		児童の発達障害の早期発見，発達障害者の自立と社会参加を支
		援することを目的に制定。
2005	17	**障害者自立支援法**
		身体・知的・精神の3障害に対する施策を一元化。
2006	18	**バリアフリー法**（高齢者，障害者等の移動等の円滑化の促
		進に関する法律）
		道路や建築物におけるバリアフリー対策を総合的に推進。
2007	19	**障害者の権利に関する条約に署名**
		2016年現在，締結国・地域は172（日本は2014年に批准）。
		新たな重点施策実施5か年計画
		新障害者プランの後継プラン。8つの分野において，120の施
		策項目と57の数値目標およびその達成期間を規定。

	平成	
2010	22	**障害者自立支援法の一部改正**
		①利用者負担は応能負担を原則とする，②発達障害者を障害者自立支援法の対象とする，③自立支援協議会の根拠を法律上に設ける，などを主な内容とする。
		「障害者虐待の防止，障害者の養護者に対する支援等に関する法律」（障害者虐待防止法）
2011	23	**障害者基本法改正**
		法の目的や障害者の定義の見直しのほか，従来の基本的理念に代わる地域社会における共生等が新たに盛り込まれた。
2012	24	**「障害者の日常生活及び社会生活を総合的に支援するための法律」**（障害者総合支援法）
		障害者自立支援法の一部改正。①目的の改正，②基本理念の創設，③障害者（児）の範囲の見直し（難病を追加），④障害支援区分の創設，⑤地域生活支援事業の必須事業に事業内容を追加，⑥重度訪問介護の対象拡大など。
2013	25	**障害者基本計画（第3次）**
		対象期間：2013 〜 2017年度。障害者基本法の基本原則（①地域社会における共生等，②差別の禁止，③国際的協調）に基づき，障害者の自立や社会参加の支援等のための施策を実施。
		「障害を理由とする差別の解消の推進に関する法律」（障害者差別解消法）
2014	26	**障害者権利条約の批准**
		「難病の患者に対する医療等に関する法律」
2016	28	**障害者総合支援法の改正**
		就労定着支援や自立生活援助の創設，情報公表制度の創設。
2018	30	**障害者基本計画（第4次）**
	令和	対象期間：2018 〜 2022年度。障害者権利条約の理念の尊重。
2019	元	**障害者雇用促進法改正**
		障害者雇用推進者と障害者職業生活相談員の選任義務，障害者活躍推進計画の作成などが盛り込まれた。
2021	3	**法定雇用率の0.1％引き上げ**

資料編

児童福祉年表

	明治	
1909	42	第1回ホワイトハウス会議 🇺🇸
	大正	家庭における児童育成の重要性を強調した。
1924	13	児童の権利に関するジェネヴァ宣言 （国際連盟）
	昭和	児童の権利に関する理念を初めて明文化。
1933	8	児童虐待防止法　14歳未満の者に対する虐待等を禁止。
		少年教護法
1947	22	教育基本法
		児童福祉法
		児童相談所，児童委員の設置や児童福祉施設を整備。
1948	23	世界人権宣言 （国連）
		少年法
		非行のある少年に対する保護処分や処置等について規定（少年 ＝20歳に満たない者）。
1951	26	児童憲章　国民に対して児童の基本的人権を尊重することを宣言。
1959	34	児童権利宣言 （国連）
		「児童の最善の利益」という理念を明文化し，児童の基本的人 権について言及。
1961	36	児童扶養手当法
		父と生計を同じくしていない児童を扶養する者に対し，児童扶 養手当を支給。
1964	39	母子福祉法 ※現：母子及び父子並びに寡婦福祉法
		母子福祉に関する体系を定めた基本法。
		重度精神薄弱児扶養手当法 ※現：特別児童扶養手当法
		精神または身体に障害を有する児童に重度精神薄弱児扶養手当 を支給。
1965	40	母子保健法
		市町村に対して1歳6か月児健診，3歳児健診の実施を義務付け。
1971	46	児童手当法　児童手当の支給に際して所得制限あり。

	昭和	
1975	50	国際婦人年
1979	54	国際児童年　「児童権利宣言」（1959年）の採択20周年。
1981	56	国際障害者年
		母子及び寡婦福祉法 ※旧：母子福祉法
	平成	寡婦も母子家庭に準じた保障の対象に。
1989	元	児童の権利に関する条約（国連）
		子どもの最善の利益，生命，生存の権利などを定めた。日本は1994年に批准。
1990	2	子どものための世界サミット
1994	6	エンゼルプラン（今後の子育て支援のための施策の基本的方向について）
		緊急保育対策等5か年事業がまとめられ，低年齢児保育・延長保育・一時的保育の数値目標が掲げられた（1995〜1999年度）。
		母子保健法改正
		基本的な母子保健サービスを市町村に一元化。
1997	9	児童福祉法改正
		各施設の機能や名称の変更（教護院→児童自立支援施設など），年齢等の要件緩和，家庭支援機能の付与など。
1999	11	少子化対策推進基本方針
		新エンゼルプラン（重点的に推進すべき少子化対策の具体的実施計画について）
		「少子化対策推進基本方針」に基づく少子化対策プラン（2000〜2004年度）。
		児童買春，児童ポルノに係る行為等の処罰及び児童の保護等に関する法律
2000	12	児童虐待の防止等に関する法律
		児童虐待の禁止および防止に関する国・地方公共団体の責務，児童虐待に係る通告義務等を明記。
2002	14	少子化対策プラスワン
2003	15	次世代育成支援対策推進法
		少子化社会対策基本法

資料編

227

	平成	
2004	16	**少子化社会対策大綱**
		3つの視点と4つの重点課題などがまとめられた。
		子ども・子育て応援プラン
		2005～2009年度までの5年間で達成すべき施策や目標と，10
		年後の「目指すべき社会の姿」を提示した。
2006	18	**認定こども園法**（就学前の子どもに関する教育，保育等の
		総合的な提供の推進に関する法律）
		「認定こども園」が設立され，幼保一元化が推進される。
2010	22	子ども・子育てビジョン
		2010～2014年度における具体的な数値目標を明記。
2011	23	**民法の一部改正**
		親権停止制度の創設，未成年後見制度の見直し。
2012	24	**子ども・子育て関連3法**（2015年施行）
		子ども・子育て支援給付，地域子ども・子育て支援事業など。
2013	25	**子どもの貧困対策法**（子どもの貧困対策の推進に関する法律）
		基本理念には，教育の支援，生活の支援，就労の支援，経済的
		支援等の施策を講じ，推進することが掲げられている。
2014	26	**児童福祉法改正**
		小児慢性特定疾病の医療費助成法定化など。
		母子及び寡婦福祉法改正
		「母子及び父子並びに寡婦福祉法」に改称。父子家庭を含むひ
		とり親家庭への支援施策が強化された。
2016	28	**児童福祉法改正**
	令和	児童虐待の対策強化のため，児童福祉法の理念が明確化された。
2019	元	**児童福祉法，児童虐待防止法改正**
		親権者等の体罰の禁止規定などが盛り込まれた。
2021	3	**こども政策の新たな推進体制に関する基本方針　閣議決定**
2023	5	**こども家庭庁発足**
2024	6	**児童福祉法改正**
		子育て世帯への包括的支援の強化など。

児童施設年表

	明治	
1874	7	**浦上養育園**
		岩永マキ，ド・ロ神父が設立した乳児や児童の養護施設。
1887	20	**岡山孤児院**
		石井十次が設立した小舎方式の孤児院。
1897	30	**滝乃川学園**
		石井亮一が設立したわが国最初の知的障害児のための専門施設。
1899	32	**家庭学校**
		留岡幸助が設立した少年犯罪者の更生施設。
1900	33	**二葉幼稚園**
		野口幽香，森島美根（峰）が設立した貧民子女のための慈善幼稚園。
1921	大正 10	**柏学園**
	昭和	柏倉松蔵が創った最初の肢体不自由児施設。
1932	7	**光明学校**
		高木憲次が開設したわが国最初の肢体不自由児学校。
1942	17	**整肢療護園**
		高木憲次が設立した治療から就労までを視野に入れた肢体不自由児施設。
1946	21	**近江学園**
		糸賀一雄が設立した知的障害児等の医療・教育を行う施設。
1950	25	**落穂寮**
		近江学園から分離・独立した重度知的障害児施設。
1963	38	**第一びわこ学園**
		糸賀一雄が設立した重症心身障害児施設。

資料編

公的扶助年表

1852	嘉永 5	**エルバーフェルト制度** 独
		エルバーフェルト市内を546区域に分け，地区委員を配置。
1874	明治 7	**恤救規則** 救済対象を「無告ノ窮民」に限定。
1908	41	**中央慈善協会**
	大正	渋沢栄一が民間慈善事業の育成と組織化を目的に設立。
1917	6	**済世顧問制度** 岡山県知事の笠井信一が創設。
1918	7	**方面委員制度**
		大阪府知事の林市蔵が小河滋次郎とともに創設。担当区域の住
	昭和	民を対象とした救済制度（民生委員制度の前身）。
1929	4	**救護法制定**
		恤救規則に代わる貧困層への救済政策（1932年施行）。
1936	11	**方面委員令** 方面委員が救護法の補助機関に。
1938	13	**社会事業法**
		民間社会事業に対する補助金の制度化，国の指導監督の強化。
1946	21	**社会救済に関する覚書**（SCAPIN 775）
		GHQが「無差別平等」「公私分離」「国家責任」「最低生活」の
		4つの原則を提示。
		旧生活保護法
		保護の種類を①生活扶助，②医療扶助，③助産扶助，④生業扶助，
		⑤葬祭扶助とした。
1950	25	**社会保障制度に関する勧告**（50年勧告）
		社会保障制度審議会が「社会保障＝困窮者等を国家扶助によっ
		て支える」との方向性を提示。
		生活保護法
		保護請求権の確立。保護の種類に「住宅扶助」「教育扶助」が
		加わり，7種類に。

	昭和	
1951	26	**社会福祉事業法**（現：社会福祉法）
		社会福祉事業の全分野で共通事項を定めた法律。社会福祉協議会，福祉事務所の設置等についても規定。
1962	37	**社会保障制度の総合調整に関する基本方策についての答申および社会保障制度の推進に関する勧告**（62年勧告）
	平成	社会保障制度審議会が，国民に対して社会連帯の意識を喚起。
1998	10	**「社会福祉基礎構造改革について」**（中間まとめ）
		地域福祉体制の確立など，社会福祉全般にわたる改革を提示。
2000	12	**社会福祉事業法の改正**（社会福祉の増進のための社会福祉事業法等の一部を改正する等の法律）
		措置制度から利用制度への移行や，利用者保護制度の確立，社会福祉事業の範囲拡充などを盛り込み，地域福祉を明文化。
		生活保護法改正　扶助の種類に「介護扶助」が加わり8種類に。
2002	14	**ホームレスの自立の支援等に関する特別措置法**
		ホームレスの自立支援について，国の責務等を明文化。
2004	16	**生活保護制度の在り方に関する専門委員会報告書**
		生活困窮者の自立・就労を支援する観点の重要性を指摘。
2005	17	**自立支援プログラムの導入**
		被生活保護世帯を対象に「経済的」「日常生活」「社会生活」の視点から自立支援を図るために創設された。
2013	25	**生活保護法改正**
		就労による自立の促進，不正・不適正受給対策の強化等，医療扶助の適正化などが図られた。
		生活困窮者自立支援法
		自立相談支援事業の実施，住居確保給付金の支給などの措置を講じ，生活困窮者の自立の促進を図ることを目的とする。
2016	28	**社会福祉法改正**
		社会福祉法人制度の改革と福祉人材の確保の推進。
2018	30	**生活困窮者自立支援法改正**
		自立相談支援事業・就労準備支援事業・家計改善支援事業の一体的実施の促進など，生活困窮者の自立支援の強化。

資料編

年金・医療保険年表

	明治	
1883	16	**疾病保険法** 独
		世界で最初の社会保険制度。
	大正	
1922	11	**健康保険法**
	昭和	わが国最初の医療保険制度。
1938	13	**国民健康保険法**
		地域住民を対象とした初の医療保険。任意の保険組合が実施主体。
1939	14	**職員健康保険法**
		サラリーマン等を対象とした初の被用者保険。
1961	36	**国民皆年金・国民皆保険**
		国民年金法（1959年制定），国民健康保険法（1958年改正）
	平成	によって実現。
1991	3	**学生の国民年金強制加入**
		20歳以上の学生に対する国民年金への加入を義務付け。
1995	7	**外国人への脱退一時金支給開始**
		6か月以上国民年金第1号保険料を納付した外国人が対象。
2003	15	**社会保険料の**総報酬制**導入**
		社会保険の保険料率を，月給と賞与で同率に。
2006	18	**「医療制度改革関連法」**
		後期高齢者医療制度の創設←老人保健制度廃止。
2013	25	**特別支給の老齢厚生年金の受給開始年齢引上げ**
		厚生年金に1年以上加入，かつ老齢基礎年金の受給資格を満た
		している者が対象（2013年度に60歳となる男性から）。
2015	27	**被用者年金制度の一元化**
		厚生年金と共済年金の一元化。
2017	29	**受給資格期間を短縮**
	令和	老齢基礎年金の受給資格期間を25年から10年に短縮。
2019	元	**オンライン資格確認や電子カルテ等の普及のための医**
		療情報化支援基金の創設

その他の年表

	昭和	
1948	23	**民生委員法**
		地域住民に対して必要な援助を行う民生委員の職務について規定。
1987	62	**社会福祉士及び介護福祉士法**
	平成	福祉の増進を目的として社会福祉士と介護福祉士の資格を制度化。
1993	5	**社会福祉事業に従事する者の確保を図るための措置に関する基本的な指針**（福祉人材確保指針）
		人材確保の目標と課題を提示し，国・地方公共団体の講ずる措置を規定。福祉人材センターの役割を明確化。
1998	10	**特定非営利活動促進法**（NPO法）
		非営利活動を目的とした団体の法人格取得を制度化。
1999	11	**地方分権の推進を図るための関係法律の整備等に関する法律**（地方分権一括法）
		国の事務を法定受託事務・自治事務に再編。
2003	15	**心神喪失等の状態で重大な他害行為を行った者の医療及び観察等に関する法律**（医療観察法）
		継続的な医療，観察，指導による病状の改善，再発防止を図り社会復帰の促進を目的に制定（2005年施行）。
2005	17	**医療制度改革大綱**
		安心・信頼の医療の確保と予防の重視等を提示。
2006	18	**高齢者，障害者等の移動等の円滑化の促進に関する法律**（バリアフリー法）
		高齢者，障害者等の移動などの利便性・安全性の向上等が目的。
2007	19	更生保護法
		再犯防止と改善更生が目的（2008年施行）。
2017	29	**住宅確保要配慮者に対する賃貸住宅の供給の促進に関する法律**（住宅セーフティネット法）
		高齢者，低所得者，子育て世帯等の住宅確保要配慮者への支援が目的。

資料編

索 引

シンプルなラインアップで合格を応援！

2025年版
社会福祉士試験対策書籍
〈新しい出題基準〉に対応！

書いて覚える！ワークノート

書いて、憶えて、解く！自分専用のテキスト

<B5判>
・解説を読んで空欄を埋める書き込み式だから覚えやすい

・索引＆資料つき

これだけ！一問一答＆要点まとめ

赤シートつき

<新書判>5/17発行予定
・定番＆頻出1500問をマルバツ形式でたっぷり解ける
・要点まとめページつき

まとめてすっきり！よくでるテーマ88

赤シートつき

<四六判>
・科目を超えて頻出・定番の88テーマに絞った暗記本
・図表を使ったすっきり誌面で覚えやすい

おぼえて差がつく！よくでる人物88

赤シートつき

<四六判>好評発売中
・過去の試験32回分の出題順に人物を88人選出
・見開き単位でサクサク確認、プラス10点をサポート

2024年3月現在。書名・カバーデザイン等変更の可能性がございます。

● 法改正・正誤等の情報につきましては，下記「ユーキャンの本」
　ウェブサイト内「追補（法改正・正誤）」をご覧ください。
　https://www.u-can.co.jp/book/information
● 本書の内容についてお気づきの点は
　・「ユーキャンの本」ウェブサイト内「よくあるご質問」をご参照ください。
　　https://www.u-can.co.jp/book/faq
　・郵送・FAXでのお問い合わせをご希望の方は，書名・発行年月日・お客様の
　　お名前・ご住所・FAX番号をお書き添えの上，下記までご連絡ください。
　【郵送】〒169-8682　東京都新宿北郵便局 郵便私書箱第2005号
　　　　　ユーキャン学び出版 社会福祉士資格書籍編集部
　【FAX】　03-3378-2232
　◎より詳しい解説や解答方法についてのお問い合わせ，他社の書籍の記載内容
　　等に関しては回答いたしかねます。
● お電話でのお問い合わせ・質問指導は行っておりません。

● 装丁　荒川浩美（ことのはデザイン）
● 表紙イラスト　あらいぴろよ

2025年版　ユーキャンの社会福祉士 まとめてすっきり！よくでるテーマ88

2010年9月29日　初　版　第1刷発行
2024年5月1日　第15版　第1刷発行

　編　者　ユーキャン社会福祉士試験研究会
　発行者　品川泰一
　発行所　株式会社 ユーキャン 学び出版
　　　　　〒151-0053 東京都渋谷区代々木1-11-1
　　　　　Tel 03-3378-1400
　編　集　株式会社 桂樹社グループ
　発売元　株式会社 自由国民社
　　　　　〒171-0033 東京都豊島区高田3-10-11
　　　　　Tel 03-6233-0781（営業部）

印刷・製本　望月印刷株式会社

※落丁・乱丁その他不良の品がありましたらお取り替えいたします。お買い
　求めの書店か自由国民社営業部（Tel 03-6233-0781）へお申し出ください。

©U-CAN,Inc. 2024 Printed in Japan ISBN978-4-426-61569-7